Juli Zeh

Die Diktatur der Demokraten

Juli Zeh

Die Diktatur der Demokraten

Warum ohne Recht kein Staat zu machen ist

edition Körber-STIFTUNG

CPI
Mehr Bäume.
Weniger CO_2.
www.cpibooks.de/klimaneutral

MIX
Papier aus verantwortungsvollen Quellen
FSC
www.fsc.org
FSC® C083411

Bibliografische Information der Deutschen Nationalbibliothek

Die Deutsche Nationalbibliothek verzeichnet diese Publikation in der Deutschen Nationalbibliografie; detaillierte bibliografische Daten sind im Internet unter http://dnb.d-nb.de abrufbar.

Umschlag: Groothuis, Lohfert, Consorten | glcons.de
Coverfoto: David Finck (Sarajevo, 2004)
Herstellung: Das Herstellungsbüro, Hamburg |
buch-herstellungsbuero.de
Druck und Bindung: CPI – Clausen & Bosse, Leck
Printed in Germany

ISBN 978-3-89684-095-0

www.edition-koerber-stiftung.de

Inhalt

I. Einleitung 7

II. Gestalt und Gesetzgebung der Übergangsverwaltungen 25

Das OHR in Bosnien 25

UNMIK im Kosovo 33

Legislativtätigkeit der Übergangsverwaltungen 41

III. Souveränitätsbeschränkendes Handeln 62

Zur Begriffsbestimmung: Souveränität, Staatsgewalt und Hoheitsrechte 63

Übergangsverwaltung und Souveränität 67

Verwaltungszession, Besatzung, Protektorat oder Treuhand? 70

Die Übergangsverwaltung als *peacekeeping* 79

Das OHR in Bosnien als *peacekeeping*-Institution 83

Die Übergangsverwaltung als Nebenorgan der UNO 85

IV. Die Rechtsgrundlage der Übergangsverwaltung 88

Zustimmung oder Zwang? – Der Meinungsstreit um die Rechtsgrundlage 88

Die abgestufte Rechtsgrundlage 92

Die Rechtsgrundlage der Übergangsverwaltungen in Bosnien und im Kosovo 103

V. Der Rechtscharakter des Übergangsrechts 111
Untersuchung des Rechtscharakters nach Kriterien 112
Das Übergangsrecht als supranationale Rechtsordnung 117
Staatsgewalt und Doppelfunktionstheorie 120

VI. Zur Justiziabilität des Übergangsrechts 132
Überprüfung durch internationale Gerichte 135
Überprüfung durch außergerichtliche oder gerichtsähnliche Institutionen 136
Überprüfung durch nationale Gerichte 144
Das Problem des Rechtscharakters 157
Lösungsansatz: Notfallzuständigkeit der lokalen Verfassungsgerichtsbarkeit 167

VII. Fazit: Der Weg zum Rechtsweg 183

Anhang
Abkürzungsverzeichnis 191
Auszug aus der Charta der Vereinten Nationen: Kapitel VII 193

I. Einleitung

Im Sommer 2003 kam ich als juristische Referendarin nach Sarajevo, um in der Rechtsabteilung des »Office of the High Representative« (OHR) zu arbeiten. Das OHR, eine internationale Behörde, verwaltet seit mehr als fünfzehn Jahren das Land Bosnien-Herzegowina, welches aus dem Bürgerkrieg in Ex-Jugoslawien hervorgegangen ist.

Noch immer bot Bosnien ein erschütterndes Bild. Städte und Dörfer lagen in Trümmern, die Minenfelder reichten bis dicht an belebte Straßen heran. Militärpatrouillen der SFOR gehörten ebenso zum Straßenbild wie Scharen von streunenden Hunden, die von ihren Besitzern bei der Flucht in den Westen zurückgelassen worden waren. Inmitten dieses Ausnahmezustands ging die Bevölkerung ihrem scheinbar normalen Leben nach. Frauen auf hohen Schuhen umrundeten die Einschlaglöcher von Granaten; vor den gähnenden Fensterhöhlen zerbombter Häuser saßen Studenten beim Kaffee.

An meinem ersten Arbeitstag in Sarajevo traf ich auf meinen scheidenden Vorgänger. Neugierig fragte ich ihn, womit er die vergangenen Monate verbracht habe. Er antwortete, dass er vor allem mit dem Übersetzen der deutschen Strafprozessordnung ins Englische beschäftigt gewesen sei. Das OHR benötige eine englische Fassung, um einen »*Criminal Procedure Code*« für Bosnien zu erlassen.

Deutsches Strafprozessrecht auf Englisch für Bosnien? Erlassen nicht von einem Parlament, sondern von einer internationalen Mission?

Ich hatte mich beim OHR beworben, weil mich das Projekt »Demokratieaufbau« faszinierte. Wir Deutschen haben der Demokratisierung unseres Landes nach dem Zweiten Weltkrieg eine Menge zu verdanken. Wer würde da keinen Enthusiasmus bei dem Begriff »*state building*« empfinden? In der folgenden Zeit gelangte ich jedoch zu einer verblüffenden Erkenntnis: Paradoxerweise erfolgt Demokratieaufbau im Rahmen des *state building* mit völlig undemokratischen Mitteln.

Demokratieaufbau in so genannten »*failed*« oder »*failing states*« ist während der letzten Jahrzehnte immer populärer geworden. Unter einem *failed state* verstehen Politikwissenschaftler einen Staat, der durch Kriege oder kriegsähnliche Zustände in eine Situation der Auflösung und des Zerfalls geraten ist. Solche zerrütteten Gebilde leiten ihre Staatlichkeit nicht mehr aus der tatsächlichen Ausübung von Souveränität her, sondern nur noch aus der weiterbestehenden internationalen Anerkennung. Als ein *failing state* wird ein Staat bezeichnet, der sich auf dem Weg in diesen Zustand befindet. Die internationale Gemeinschaft verfolgt seit Langem die Idee, einen *failed state* durch den Aufbau von demokratischen Institutionen in ein souveränes, (demokratisch) funktionierendes Staatswesen (zurück-)verwandeln zu können: Demokratieaufbau als präventive Politikoption zur Vermeidung von Staatszerfall oder als Element der Konfliktnachsorge.

Entsprechend ist Demokratie ein Exportschlager geworden. Wir verstehen sie nicht nur als Staatsform, sondern als Verfahren zur Wahrung oder Herstellung von gesellschaftlichem und globalem Frieden. Militäreinsätze sind ohne das Versprechen von anschließendem Demokratieaufbau durch die internationale Gemeinschaft kaum noch denkbar. Kommt es irgendwo auf der Welt zu Krieg oder Krise, soll die Einführung von Demokratie zur Stabilisierung der Lage führen. Ein Blick auf die *»peacekeeping missions«* der Vereinten Nationen (UNO) verdeutlicht das wachsende Engagement der internationalen Gemeinschaft: Von 68 Friedensmissionen seit 1945 wurden 44 in den letzten 20 Jahren durchgeführt. Häufig folgt auf die Beilegung einer bewaffneten Auseinandersetzung eine Phase des Wiederaufbaus, an der ausländische Staaten oder andere internationale Akteure maßgeblich beteiligt sind.

Dahinter steht die Erkenntnis, dass sich internationaler Frieden und Stabilität seit Ende des Kalten Krieges anderen Bedrohungen ausgesetzt sehen. Die Blockkonfrontation, die ein zwar erzwungenes, aber doch stabiles Kräftegleichgewicht herbeiführte, wurde von einem Ringen um die Neugestaltung verschiedenster Ordnungssysteme abgelöst – nicht nur im globalen Rahmen, sondern auch im Inneren von Staaten. An Stelle von zwischenstaatlichen Kriegen sind asymmetrische Konflikte, Bürgerkriege oder bürgerkriegsähnliche Zustände ins Zentrum sicherheitspolitischer Aufmerksamkeit gerückt.

Nicht selten sind Regionen »hinter« dem ehemaligen »Eisernen Vorhang« betroffen. Politische Instabilität erhöht das Konfliktpotenzial. Die Interessen starker westlicher Mächte führen zu einer Einflussnahme in den betroffenen Gebieten, die unter modernen Bedingungen, nämlich innerhalb einer medial transparenten, menschenrechtlich orientierten und stark vernetzten internationalen Öffentlichkeit, nicht mehr rein militärisch ausfallen kann. »Humanitäre Hilfe« und »ziviler Aufbau« lauten die positiven Schlagwörter, die zur Erzeugung von (gefühlter) Legitimation unerlässlich sind.

Die Errichtung von internationalen Übergangsverwaltungen *(»transitional administrations«)* hat sich dabei zu einem wichtigen Instrument entwickelt. Internationale Großprojekte wie die »United Nations Interim Administration Mission in Kosovo« (UNMIK), die »United Nations Transitional Administration of East Timor« (UNTAET) und die Mission des »Office of the High Representative« (OHR) in Bosnien und Herzegowina dienen dem Ziel, krisengebeutelte Regionen mit Hilfe von Institutionenaufbau in friedliche Gesellschaften zu verwandeln.

In der Literatur finden sich verschiedene Definitionen der Übergangsverwaltung, die jedoch nur unwesentlich voneinander abweichen. Auf den folgenden Seiten soll vor allem untersucht werden, mit welchen rechtlichen Mitteln sich die internationale Gemeinschaft der Therapie von *failed states* widmet. Deshalb sind in erster Linie internationale Verwaltungssysteme interessant, welche selbst Gesetze erlassen können, also mit legislativen, klassisch hoheitlichen Kompetenzen ausgestattet sind.

Unter einer Übergangsverwaltung versteht die vorliegende Untersuchung deshalb eine administrative Autorität,

- die durch eine internationale Organisation oder durch das Zusammenwirken mehrerer Staaten und/oder internationaler Organisationen gebildet wird,
- deren Aufgabe im Aufbau demokratischer Institutionen in einem *failed* oder *failing state* besteht,
- die zu diesem Zweck mit hoheitlichen Kompetenzen ausgestattet ist, wie sie normalerweise den Organen eines souveränen Staates zukommen,
- und deren Wirkungsfeld sich auf ein abgegrenztes Territorium bezieht.

Die von der Übergangsverwaltung erlassenen Normen werden als »Übergangsrecht« bezeichnet.

Die Idee, dass Staaten in Transformations- oder Krisensituationen von außen bei der Regierungsführung unterstützt werden müssen und zu diesem Zweck die Ausübung von Hoheitsrechten durch fremde Autoritäten zu erdulden haben, ist nicht neu in der Geschichte des Völkerrechts.

Ein frühes Beispiel ist die Verwaltung des Saargebiets durch den Völkerbund in den Jahren 1920 bis 1935. Die Regierung des Saarbeckens wurde vom Versailler Vertrag dem Völkerbund anvertraut und durch einen Ausschuss des Völkerbunds ausgeübt. Da dieser Regierungsausschuss Rechtsakte mit unmittelbarer Verbindlichkeit für die Bevölkerung erlassen konnte und die Zielsetzung des Vorhabens vor allem auf innere Stabilität und die Durchführung einer Volksabstimmung gerichtet war, kann die Saaroperation als frühe Vorläuferin der modernen Übergangsverwaltungen betrachtet werden.

Nach dem Zweiten Weltkrieg erforderte die Dekolonialisierung ein Verfahren, mit dessen Hilfe die Umwandlung ehemaliger Kolonien in eigenständige Staaten oder selbstverwaltete Teile anderer Staaten kontrolliert und befördert werden konnte. In diesem Rahmen kam es zu einer Reihe internationaler Missionen, von denen zum Beispiel UNTEA in West New Guinea (1962 bis 1963) als Übergangsverwaltung (das heißt mit gewissen hoheitlichen Kompetenzen) ausgestaltet war.

Eine neue Stufe in der Entwicklung moderner Übergangsverwaltungen wurde nach Ende des Kalten Krieges erreicht. In den neunziger Jahren des letzten Jahrhunderts entstanden Fremdverwaltungssysteme in allen Teilen der Welt, hauptsächlich unter dem Mandat der Vereinten Nationen. Vor allem der Zerfall Jugoslawiens mit seinen blutigen Bürgerkriegen in der Mitte Europas führte zu nie dagewesenen Anstrengungen von Seiten der internationalen Gemeinschaft.

Die Geburt der Übergangsverwaltung in der hier untersuchten Form fand allerdings in einem anderen Teil der Welt, nämlich in Kambodscha, statt. Im Jahr 1991 verabschiedeten die Teilnehmer einer Friedenskonferenz in Paris zur Beilegung des 20 Jahre währenden Bürgerkriegs in Kambodscha das so genannte Pariser Abkommen, welches die UNO mit Schlüsselaufgaben zur zivilen Verwaltung von Kambodscha betraute. Das Abkommen ermächtigte die Vereinten Nationen, die »United Nations Transitional Authority in Cambodia« (UNTAC) unter Verantwortung des UN-Generalsekretärs Boutros Boutros-Ghali zu etablieren und einen Stellvertreter des Generalsekretärs (»Special Representative«) in das Land zu entsenden. Kambodscha musste *»all powers necessary to ensure the implementation of this Agreement«* an UNTAC delegieren. Auf diese Weise erhielt der Special Representative die Möglichkeit, Entscheidungen des lokalen Hoheitsträgers zu verwerfen und eigene Entscheidungen zu treffen. Darüber hinaus hatte UNTAC in den Bereichen Außenpolitik, Verteidigung, Finanzen, öffentliche Sicherheit und Informationswesen die Kompetenz, Direktiven mit der Wirkung von nationalen Gesetzen an die entsprechenden lokalen Behörden zu richten, und erhielt echte Rechtsetzungsgewalt im Bereich des Wahlrechts, in dem die internationale Mission ausdrücklich mit der Ausarbeitung und dem Erlass der notwendigen Gesetze beauftragt wurde. Trotz anhaltender Schwierigkeiten bei der Ausübung des Mandats wurde im September 1993 die Verfassung Kambodschas verkündet und eine neue Regierung ins Amt gesetzt.

Damit wurde eine internationale Mission beendet, die erstmalig durch die Übernahme von staatlicher Hoheitsgewalt und insbesondere durch Legislativtätigkeit dem Aufbau eines Staatswesens gedient hatte.

Weitreichende Legislativkompetenzen hatte dann eine Übergangsverwaltung inne, die als zweite »United Nations Operation in Somalia« (UNOSOM II) in dem von schweren Bürgerkriegen heimgesuchten ostafrikanischen Land eingesetzt wurde. Da es sich bei Somalia um einen echten *failed state* handelte, übte UNOSOM II während einer Übergangsphase die volle Staatsgewalt aus. Zu den insgesamt eher geringen Erfolgen von UNOSOM II gehört ihre Rechtsetzungstätigkeit auf dem Gebiet von Gerichtsverfassung und Strafrecht, z. B. bei der Wiedereinführung und Modifizierung des somalischen Straf- und Strafprozessrechts von 1962. UNOSOM II stellt den ersten Fall dar, in dem die Vereinten Nationen volle Staatsgewalt in einem souveränen UN-Mitgliedstaat ausgeübt haben.

Die letzte der bis heute abgeschlossenen Übergangsverwaltungen wurde am 25. Oktober 1999 in Ost-Timor etabliert. Die United Nations Transitional Administration in East Timor (UNTAET) begleitete Ost-Timor in die am 20. Mai 2002 vollzogene Unabhängigkeit. Auch UNTAET war eine Mission mit unbeschränkten Legislativkompetenzen. Neu ist die Tatsache, dass UNTAET, anders als die Vorgängermissionen, ein Mandat mit ausdrücklicher Übertragung von Exekutiv- und Legislativfunktionen direkt vom Sicherheitsrat erhielt und dass der Special Representative ausdrücklich zum Erlass von Gesetzen ermächtigt wurde. Hier zeigen sich Ansätze zur förmlichen Verfasstheit einer Übergangsverwaltung, während die Herkunft der (legislativen) Kompetenzen früherer Missionen eher im Unklaren lag.

Trotz hoher öffentlicher Aufmerksamkeit zählen zwei Missionen der jüngeren Zeit nicht zur Gattung der hier untersuchten Übergangsverwaltungen: nämlich die administrativen Hilfsmissionen in Afghanistan und Irak (»United Nations Assistance Mission in Afghanistan« (UNAMA) und »United

Nations Assistance Mission for Iraq« (UNAMI)). Beiden kam nicht die Rolle einer echten Verwaltungsinstanz, sondern nur unterstützende Funktion bei der Regierung des jeweiligen Landes zu.

Echte Verwaltungskompetenzen über den Irak lagen jedoch bei der »Coalition Provisional Administration« (CPA). Sie wurde im Anschluss an den Irakkrieg am 21. April 2003 von der kriegführenden Staatenkoalition unter Leitung der USA errichtet, um das besetzte Land zu verwalten, bis eine taugliche lokale Regierung eingesetzt sein würde. Äußerlich teilt die CPA mit den hier behandelten Übergangsverwaltungen einige Merkmale. Vor allem übernahm sie für den Zeitraum ihrer Tätigkeit die legislative, exekutive und judikative Gewalt über den Irak und betätigte sich aktiv als Gesetzgeber. Der Unterschied zu den Übergangsverwaltungen besteht darin, dass die CPA das Instrument einer kriegerischen Besatzung ist. Als solche findet sie ihre Rechtsgrundlage im völkerrechtlichen Kriegsrecht, insbesondere in der Genfer Konvention von 1949 und der Haager Landkriegsordnung von 1907. Sie kann deshalb nicht in die Reihe der zivilen Übergangsverwaltungen eingeordnet werden.

Gegenstand dieses Buchs sind die internationalen Missionen in Bosnien und im Kosovo, die aus verschiedenen Gründen besondere Beachtung verdienen. Als Konsequenz aus dem Zerfall Jugoslawiens entstanden, befinden sie sich auf europäischem Boden und sind bis zum heutigen Tag nicht abgeschlossen. Gemessen an ihrer Dauer und am enormen finanziellen, personellen und logistischen Aufwand handelt es sich um die bislang umfangreichsten internationalen Projekte dieser Art. Zugleich unterscheiden sich die beiden Übergangsverwaltungen stark in ihrer inneren Verfasstheit, weshalb sie besonders gut als Beispielsfälle für die Besonderheiten dieser Form des *state building* geeignet sind.

Schon die Bezeichnung der Übergangsverwaltung in Bosnien verrät ihre Besonderheit: Das Office of the High Representative (OHR) wurde nicht unmittelbar von den Vereinten Nationen ins Leben gerufen und stellt deshalb im Gegensatz zu den bislang beschriebenen Fällen keine klassische UN-Mission dar. Entsprechend ist der Hohe Repräsentant (High Representative) auch kein Gesandter des UN-Generalsekretärs, sondern ein Vertreter der »internationalen Gemeinschaft«, genauer: der in den Friedensprozess involvierten Staaten. Das zu Grunde liegende Dokument ist der am 14. Dezember 1995 in Dayton (USA) geschlossene Friedensvertrag, bekannt als Dayton-Abkommen, welcher dem Hohen Repräsentanten in Annex X Aufgaben, jedoch keine ausdrücklichen Kompetenzen zuweist. Die Legislativtätigkeit des Hohen Repräsentanten hat sich nach zaghaften Anfängen (der erste legislative Akt eines Hohen Repräsentanten in Bosnien erging erst zwei Jahre nach Schaffung des Amtes) kontinuierlich weiterentwickelt und ist über die Jahre zu einer umfassenden Rechtsetzungsmacht angewachsen. Die Arbeit des OHR in Bosnien ist bis zum heutigen Tag nicht beendet.

Auf der anderen Seite verkörpert die nach dem NATO-Krieg gegen Serbien für das Kosovo errichtete United Nations Interim Administration Mission in Kosovo (UNMIK) eine eindeutige Übergangsverwaltung in Verantwortung der Vereinten Nationen. Eine Neuerung besteht darin, dass UNMIK erstmalig die Arbeit verschiedener internationaler Organisationen unter einem Dach vereint. Ein vom UN-Generalsekretär ernannter Special Representative steht der Mission vor. Nach ihrer Etablierung übernahm UNMIK das ganze Spektrum essenzieller administrativer Aufgaben, wobei der Special Representative als einziger und letztverbindlicher Inhaber der exekutiven und legislativen Autorität fungierte.

Seit der Unabhängigkeitserklärung des Kosovo am 17. Februar 2008 befindet sich das Mandat von UNMIK in einem prekären Schwebezustand. Eigentlich müsste die UN-Mission mit dem Erreichen der Eigenstaatlichkeit des verwalteten Territoriums beendet sein. Aber auf Grund einer Blockade des Sicherheitsrats ist die zu Grunde liegende Resolution 1244 (aus dem Jahr 1999) noch in Kraft, sodass UNMIK weiter vor Ort bleibt und versucht, ihre Aufgaben an die veränderten Bedingungen anzupassen. Die Aufgabe der Rechtsetzung wird seitdem von den lokalen Institutionen wahrgenommen.

An OHR und UNMIK zeigt sich ein spezifischer Zusammenhang beim internationalen Engagement für den zivilen Wiederaufbau: Die – nicht selten jahrelange – Verwaltung eines fremden Staates erfordert eine Vielzahl von Entscheidungen, die in einer souveränen Demokratie von den lokalen Institutionen, also von Parlament und Regierung, getroffen würden. Wenn diese Institutionen noch nicht oder nicht mehr existieren, ihre Arbeit noch nicht aufgenommen haben oder nach Meinung der externen Akteure »nicht richtig« funktionieren, trifft die internationale Verwaltung selbst Entscheidungen, die sie für dringend notwendig hält, und wird so zum Träger von Staatsgewalt. Damit verfügt sie über eine enorme Machtfülle – ohne demokratisch legitimiert zu sein. Zum Aufbau des Staatsapparats entlässt die Mission zum Beispiel Lehrer, Richter und andere Beamte und besetzt die Stellen neu. Sie regelt Eigentumsfragen, wenn zurückkehrende Flüchtlinge Anspruch auf ihre Häuser erheben. Um radikale Kräfte einzudämmen, erteilt sie Berufsverbote gegen hochrangige Politiker, friert Konten ein oder lässt sogar Verhaftungen durchführen. Sie tut dies durch den Erlass von Rechtsakten, die weder aus lokaler noch aus einer der üblichen internationalen Rechtsquellen stammen – deren Rechtsnatur also bislang völlig unklar ist.

Pikanterweise behandelt die UNO das legislative Handeln von Übergangsverwaltungen inzwischen trotzdem als reine Selbstverständlichkeit. Im *Handbook on UN Multidimensional Peacekeeping Operations* von 2003 heißt es dazu – in freier Übersetzung aus dem Englischen – wie folgt: »Ausgestattet mit eigener Rechtsetzungsmacht, ist der Special Representative für den Aufbau des gesetzlichen bzw. regulatorischen Systems zuständig. [...] Die Übergangsverwaltung kann weiterhin lokale Gesetze interpretieren, ihre Vereinbarkeit mit internationalem Recht und Menschenrechtsstandards überprüfen sowie sie gegebenenfalls abändern.«

Woher diese weitreichende Gesetzgebungskompetenz kommt und in welchem rechtlichen Rahmen sie stattfindet – darüber schweigt das Handbuch sich aus.

In der politikwissenschaftlichen Literatur existieren umfangreiche Beiträge zu *failed states* und *state building*, also zum Funktionieren und zur Legitimität von internationalem Engagement in der Wiederaufbauphase nach einer Krisensituation. Aus völkerrechtlicher Sicht gibt es Betrachtungen zur Entwicklung von *peacekeeping*-Operationen auf Grundlage von Kap. VI und VII der UN-Charta und (in anderem Zusammenhang) rechtswissenschaftliche Stellungnahmen zur Rechtsetzungstätigkeit der Vereinten Nationen und ihrer Nebenorgane. Es fehlt jedoch an Grundlagenarbeit zum spezifischen Problem der Rechtserzeugung durch Übergangsverwaltungen.

Dabei sind die entstehenden Fragen keineswegs nur in akademischer Hinsicht interessant, sondern besitzen hohe Praxisrelevanz: Gehen Übergangsgesetze im Kollisionsfall den einfachen Landesgesetzen vor oder treten sie hinter das Landesrecht zurück? Gehen sie gar dem lokalen Verfassungsrecht vor? Welche Gerichtsbarkeit kann solche Gesetze überprüfen? Gibt es überhaupt keinen Rechtsschutz gegen das Handeln der externen *state-building*-Akteure? Und was geschieht nach Abschluss des *state-building*-Projekts – verlieren Übergangsgesetze automatisch ihre Wirkung, oder gelten sie fort?

Der bislang undefinierte Charakter des Übergangsrechts ist also kein abstraktes Problem, sondern wirkt sich unmittelbar auf die Lebenswirklichkeit der Bürger des betroffenen Landes aus. Man muss sich das bildlich vorstellen: In ein fremdes Land kommt eine Handvoll internationaler Verwaltungskräfte – Schweden, Kanadier, Dänen, Deutsche –, welche alle drei Säulen der hoheitlichen Macht übernehmen. Damit ist die

Mission höchster Gesetzgeber, höchste Regierungsbehörde und höchstes Gericht in einer Person.

Wobei die Formulierung »in einer Person« durchaus wörtlich zu nehmen ist. Die Kompetenzen liegen tatsächlich in einer Hand, und zwar in jener des Chefs der jeweiligen Übergangsverwaltung (High Representative oder Special Representative). Er regiert das betroffene Land mit der Machtfülle eines Gouverneurs. Es gibt eigentlich nichts, wozu er nicht bevollmächtigt ist. Er gründet Parlamente und Ministerien und ist anschließend ihr höchster Vorgesetzter. Er erlässt (persönlich!) an Stelle des Parlaments ein neues Strafgesetzbuch. Er vergibt Telefonvorwahlen und Lizenzen an Mobilfunkanbieter. Er privatisiert Staatsbetriebe. Er wirft Staatspräsidenten aus dem Amt. Er ersetzt Urteile des Verfassungsgerichts durch eigene Entscheidungen.

Diese vollkommene Abwesenheit von Gewaltenteilung würde Montesquieu Tränen in die Augen treiben. Zu allem Überfluss wird das Handeln der internationalen Mission von keinem Gericht kontrolliert. Dies liegt gewissermaßen an einem juristischen Zwiespalt: Da die internationale Mission Trägerin von Hoheitsgewalt ist, sind ihre Gesetze und Entscheidungen für sämtliche Bürger und Institutionen des verwalteten Landes verbindlich. Doch erlässt sie deshalb noch keine »bosnischen« oder »kosovarischen« Gesetze, denn innerstaatliches Recht kann nur aus innerstaatlicher Quelle stammen. Gleichzeitig handelt es sich bei dem, was die Übergangsverwaltung tut, auch nicht um die Setzung von Völkerrecht. Dieses gilt nämlich grundsätzlich *zwischen* Staaten oder *für* Staaten, nicht aber innerhalb des Rechtsraums eines einzelnen Staats.

Folglich sitzt die Demokratisierungsmission zwischen den Stühlen – ihr Handeln kann weder dem innerstaatlichen Rechtskreis noch dem Völkerrecht zugeordnet werden. Weder innerstaatliche noch internationale Gerichte fühlen sich für Klagen gegen eine solche Mission zuständig. Spezielle Spruchkörper, die Entscheidungen im Rahmen des Demokratieaufbaus überprüfen könnten, hat die UNO bislang nicht geschaffen.

Der Effekt ist ein Kontrollvakuum; Leidtragende sind die Bürger des betroffenen Landes. Sie können sich gegen eine internationale Mission nicht wehren, selbst dann nicht, wenn elementare Rechte verletzt werden.

Setzt beispielsweise das OHR in Bosnien ein Gesetz in Kraft, das die Neueinstellung von Lehrern regelt, und bekommt eine Lehrerin daraufhin keinen Job, wird sie auf der ganzen Welt kein Gericht finden, das ihren Fall überprüft. Wird ein hochrangiger bosnischer Politiker durch die Mission seiner Ämter enthoben, muss selbst der bosnische Verfassungsgerichtshof eine Klage ablehnen.

Die menschenrechtliche Relevanz solcher Fälle liegt auf der Hand. Gerade bei Amtsenthebungen und Berufsverboten haben Betroffene vorgetragen, dass sie durch die Mission ihrer gesamten sozialen Existenz beraubt wurden – und der Rechtsweg ist ausgeschlossen. Wenn es aber in derart grundrechtssensiblen Angelegenheiten keine Kontrollinstanz gibt, haben wir es mit einem haarsträubenden Fall von fehlender Rechtsstaatlichkeit zu tun. Kritiker in den betroffenen Ländern sprechen deshalb von Despotie und Willkürherrschaft.

Tatsächlich ist es so, dass die Politik gar kein Interesse daran hat, den rechtlichen Charakter des Demokratieaufbaus zu klären und entsprechende Kontrollmöglichkeiten zu entwickeln. Die Argumentation verläuft wie folgt: Eine solche Mission arbeitet immer in einer chaotischen Situation. Die Gesellschaft ist vom Krieg traumatisiert; die neu gegründeten Institutionen sind noch nicht voll funktionsfähig. In einer solchen Lage hilft nur »Durchregieren« mit autokratischen Methoden. Wenn das Handeln der Mission überprüfbar wäre, würden das die obstruktiven Kräfte im Land sofort missbrauchen, um den Demokratieaufbau zu stören.

Ob das stimmt oder nicht, weiß man nicht – es wurde ja noch nie versucht, Demokratieaufbau innerhalb eines klaren rechtlichen Rahmens zu betreiben. Fest steht, dass die Inhaber von Macht niemals ein ausgeprägtes Interesse an rechtsstaatlicher Kontrolle besitzen. Sie werden immer Gründe finden, warum man sie am besten »einfach mal machen« lässt.

An dieser Stelle kann es aber nicht um die Frage gehen, was praktikabel und effizient ist. Entscheidend ist etwas anderes: Die UNO stützt ihre gesamte globale Legitimation auf demokratische Prinzipien. Dazu gehören auch der Schutz von Menschenrechten und der Grundgedanke der Rechtsstaatlichkeit. Es ist schlicht ein Verstoß gegen die eigenen völkerrechtlichen Bindungen, wenn die internationale Gemeinschaft in Krisenstaaten zu undemokratischen Methoden greift. Dieser Widerspruch schwächt die Glaubwürdigkeit der UNO. Vielleicht ist er sogar ein Grund dafür, dass Demokratisierungsprojekte von den betroffenen Bevölkerungen häufig mit eher gemischten Gefühlen angenommen werden und nur schleppend vorankommen. Umso wichtiger ist es, den Demokratieaufbau in einen rechtlich schlüssigen Rahmen zu stellen.

Meine 2011 erschienene Dissertation* möchte dazu beitragen, einen solchen Rahmen zu setzen. In ihr ging ich der Frage nach, was es mit der legislativen Tätigkeit von internationalen Übergangsverwaltungen in rechtlicher Hinsicht auf sich hat.

Dieses Buch stellt die wichtigsten Ergebnisse der Doktorarbeit vor und macht sie für das nichtjuristische Lesepublikum nachvollziehbar. Das OHR in Bosnien und UNMIK im Kosovo stehen dabei im Mittelpunkt der Betrachtung.

Zunächst werden Umfeld und Aufbau dieser beiden Übergangsverwaltungen beschrieben. Im Anschluss wird thematisiert, was eine Übergangsverwaltung im (völker-)rechtlichen Sinne ist, auf welcher Rechtsgrundlage sie operiert und welcher (Rechts-)Charakter den von ihr erlassenen Normen zukommt. Dabei geht es um die Entscheidung, ob es sich bei Übergangsrecht um Völkerrecht, lokales Recht oder eine Rechtsform eigener Art handelt. Diese Entscheidung ist grundlegend für die sich anschließende Frage nach der Justiziabilität des Übergangsrechts, also nach den Möglichkeiten seiner Kontrolle. Bisherige Versuche, das Übergangsrecht einer gerichtlichen Überprüfung zuzuführen, werden vor-

* Zeh, Juli: Das Übergangsrecht. Zur Rechtsetzungstätigkeit von Übergangsverwaltungen am Beispiel von UNMIK im Kosovo und dem OHR in Bosnien-Herzegowina. Saarbrücker Studien zum Internationalen Recht, Band 48. Baden-Baden: Nomos, 2011.

gestellt und am Ende ein Lösungsvorschlag entwickelt, mit dessen Hilfe eine Kontrollzuständigkeit der nationalen Verfassungsgerichtsbarkeit begründet werden kann.

Meines Erachtens ist es höchste Zeit, das internationale Projekt des *state building* auf eine rechtliche Grundlage zu stellen. Man kann legitimerweise nicht erwarten, dass Menschen das große Gesellschaftsspiel »Demokratie« erlernen, wenn der Aufbau der notwendigen Institutionen mit undemokratischen Mitteln erfolgt. Dass immer alles schnell gehen muss, ist hierbei die falsche Prämisse. Demokratie braucht Zeit, und sie funktioniert nur unter rechtsstaatlichen Bedingungen. Dazu gehört zwingend, dass auch und gerade das Handeln der Mächtigen im Land einer gerichtlichen Kontrolle unterliegt. Dieses Buch möchte den zumeist nur politisch geführten Diskurs über das *state building* durch einige juristische Überlegungen bereichern.

II. Gestalt und Gesetzgebung der Übergangsverwaltungen

Die Ausübung von Staatsgewalt ist die wichtigste Funktion der hier behandelten Übergangsverwaltungen. Die internationale Behörde tritt im verwalteten Gebiet an Stelle der oder neben den nationalen Institutionen als Gesetzgeber, Regierung und höchstes Gericht auf. Was aber bedeutet dies im politischen und administrativen Alltag? Die folgenden Abschnitte stellen Gestalt und Tätigkeit der Übergangsverwaltungen in Bosnien und im Kosovo vor. Auf einen Abriss der jeweiligen Entstehungsgeschichte folgt schwerpunktmäßig eine Untersuchung vor allem des gesetzgeberischen Handelns.

Das OHR in Bosnien

Der Bürgerkrieg in und um Bosnien und Herzegowina entbrannte in Folge des Auseinanderfallens der Sozialistischen Föderativen Republik Jugoslawien im Sommer 1991. Am 1. März 1992 fand in der früheren Teilrepublik Bosnien ein

Referendum statt, in dem sich die Bosniaken und die kroatischen Bevölkerungsteile mehrheitlich für die Unabhängigkeit entschieden. Die serbische Volksgruppe verweigerte sich der Abstimmung. Nachdem am 6. April 1992 die Anerkennung der Republik Bosnien und Herzegowina durch die USA und die EG erfolgt war und im gleichen Zeitraum bosnische Serben unter der Führung von Radovan Karadzić eine serbische Republik (Republika Srpska) auf dem Gebiet Bosnien-Herzegowinas ausgerufen hatten, intensivierten sich die Kampfhandlungen zwischen den ethnischen Gruppen. Der serbischen und der kroatischen Seite ging es im Wesentlichen darum, möglichst große Landesteile unter ihre Kontrolle zu bringen, um sie dem jeweiligen »Mutterland« (Serbien bzw. Kroatien) anzuschließen.

Bereits am 21. Februar 1992 etablierte der Sicherheitsrat durch die Resolution 743 (1992) die »United Nations Protection Force« (UNPROFOR), deren Mandat darauf gerichtet war, friedliche und sichere Bedingungen für die Aushandlung einer Konfliktlösung herzustellen. Weder die UN-Schutztruppe noch UN-Sanktionen konnten jedoch die Ausweitung des Bürgerkriegs verhindern; sämtliche Vermittlungsversuche schlugen fehl. Ende 1992 wurde die bosnische Hauptstadt Sarajevo durch einen serbischen Belagerungsring von der Außenwelt abgeschnitten. Ab April 1993 war auch die NATO mit Lufteinsätzen in den Konflikt involviert.

Erst im Oktober 1995 gelang es, einen wirksamen Waffenstillstand in Kraft zu setzen. Je nach Schätzung forderten die kriegerischen Auseinandersetzungen in Bosnien zwischen 100 000 und 300 000 Menschenleben; über 1,3 Millionen Flüchtlinge und Vertriebene verließen das Land. Am 14. Dezember 1995 wurde nach vielen Fehlschlägen schließlich ein Friedensvertrag, nämlich das Dayton-Abkommen, unterzeichnet.

Auf dieses Abkommen – und nicht vorrangig auf eine Resolution des UN-Sicherheitsrats – stützt die Übergangsverwaltung in Bosnien ihr Mandat. Das Abkommen stellt einen völkerrechtlichen Vertrag zwischen den drei Nachfolgestaaten Jugoslawiens (Bosnien-Herzegowina, Kroatien und der Bundesrepublik Jugoslawien) dar. Dem Dayton-Vertrag sind verschiedene Annexe beigefügt.

In Annex X finden sich die auf die Übergangsverwaltung und den Hohen Repräsentanten bezogenen Vorschriften. Der Aufgabenkatalog umfasst unter anderem die Überwachung der Implementierung des Friedensabkommens, die Koordination der Aktivitäten verschiedener internationaler Organisationen in Bosnien-Herzegowina, die Beseitigung von Schwierigkeiten, die im Zusammenhang mit der Erfüllung des Dayton-Abkommens auftauchen können, sowie die leitende Zusammenarbeit mit der »International Police Task Force«, die in Annex XI des Dayton-Abkommens etabliert wird.

Zu diesem Zwecke erhält der Hohe Repräsentant *»the final authority […] regarding interpretation of this Agreement«*, also eine letztverbindliche Autorität zur Interpretation des Vertrags. Auch wenn es der Wortlaut der Klausel nicht vermuten lässt – es handelt sich bei dieser Interpretationskompetenz um den wichtigsten Teil des Mandats. Wie noch zu zeigen sein wird, stützt die Übergangsverwaltung in den Jahren nach ihrer Etablierung ein wachsendes Maß hoheitlicher Kompetenzen auf das Recht, den Dayton-Vertrag und damit ihr eigenes Mandat zu »interpretieren«.

Zur Erfüllung seiner Aufgaben wurde dem Hohen Repräsentanten eine Übergangsverwaltungsbehörde namens »Office of the High Representative« (OHR) unterstellt. Das OHR besteht aus verschiedenen Abteilungen, denen unter anderem politische, wirtschaftliche und rechtliche Sachfragen zugewiesen sind. Seit Juli 2011 beschäftigt die Übergangsverwaltung 150 Mitarbeiter bei einem Jahresbudget von etwas mehr als 9 Millionen Euro. Zum Vergleich: Das höchste Budget besaß die Übergangsverwaltung im Jahr 1999 mit gut 30 Millionen Euro, die höchste Mitarbeiterzahl 2002 mit knapp 700 Personen.

Für die militärische Stabilisierung des Friedens im Land waren nach dem Dayton-Vertrag ursprünglich Schutztruppen der NATO zuständig (SFOR, »Stabilisation Force«). Am 2. Dezember 2004 wurde SFOR von der »European Union Force« (EUFOR) abgelöst, die im Rahmen der gemeinsamen Außen- und Sicherheitspolitik und der gemeinsamen Sicherheits- und Verteidigungspolitik der Europäischen Union agiert. Der Hohe Repräsentant hält engen Kontakt zum Kommandanten der militärischen Einheiten, hat jedoch keinerlei Einfluss auf die Erfüllung der militärischen Aufgaben.

Da die Übergangsverwaltung in Bosnien nur indirekt unter der Ägide der Vereinten Nationen operiert, wurde ein spezielles internationales Gremium mit der Umsetzung des Dayton-Abkommens betraut. Auf die Aushandlung des Dayton-Vertrags folgte am 8./9. Dezember 1995 eine Implementierungskonferenz in London, die den »Peace Implementation Council« (PIC) ins Leben rief, um die internationale Unterstützung für den Friedensprozess in Bosnien aufrechtzuerhalten und zu koordinieren. Der PIC setzt sich aus 55 Regierungen und internationalen Organisationen sowie verschiedenen Beobachtern zusammen.

Aufgabe des PIC ist es unter anderem, den jeweiligen Hohen Repräsentanten zu berufen. Die Entscheidungen des PIC werden an den Sicherheitsrat der Vereinten Nationen berichtet und (zum Beispiel im Fall der Ernennung eines neuen Hohen Repräsentanten) vom Sicherheitsrat bestätigt. Der PIC ist maßgeblich an der Ausgestaltung des Tätigkeitsfelds der Übergangsverwaltung in Bosnien beteiligt und zeichnet auch für die bereits erwähnte Fortentwicklung ihres Mandats verantwortlich.

Der Dayton-Vertrag bestätigt den seit 1992 unabhängigen Staat Bosnien in seinen Grenzen, nimmt aber gleichzeitig eine grundlegende Neustrukturierung des gesamten Staatswesens vor. Die Verfassung Bosniens ist als Annex IV selbst Bestandteil des Abkommens. Sie erkennt Serben, Bosniaken und Kroaten als die drei verfassungsgebenden Völker an und konstituiert Bosnien und Herzegowina als ein gesamtstaatliches Gebilde, das wiederum aus zwei so genannten »Entitäten« besteht: der »Föderation Bosnien und Herzegowina« (mit überwiegend bosniakischer und kroatischer Bevölkerung) und der »Republika Srpska« (mit überwiegend serbischer Bevölkerung).

Der Dayton-Vertrag verteilt das Staatsgebiet Bosniens auf die beiden Entitäten: 49 Prozent wurden der serbischen, 51 Prozent der bosnisch-kroatischen Seite zugeschlagen. Die Grenze zwischen den Entitäten orientiert sich einerseits an ethnischen Siedlungsstrukturen vor dem Krieg, zeichnet in großen Teilen aber auch den Verlauf der Frontlinien bei Kriegsende nach.

Innerhalb des Gesamtstaates genießen die Entitäten weitreichende Autonomie, was einen außergewöhnlich komplexen Behördenaufbau mit drei parallelen Verwaltungsstrukturen bedingt. Die Zuständigkeiten der schwachen Zentralebene sind auf Sachgebiete mit grenzüberschreitendem Bezug beschränkt, während die Entitäten Kompetenzen für sämtliche verbleibenden Materien besitzen, also sowohl für große Teile der klassischen staatlichen Gesetzgebung wie das Zivil- und Strafrecht inklusive des entsprechenden Verfahrensrechts sowie bis ins Jahr 2006 sogar für die Verteidigungspolitik. In den vergangenen Jahren richtete das OHR erhebliche Anstrengungen darauf, den Gesamtstaat durch weitere Kompetenzen zu stärken. So wurden Zuständigkeiten für indirekte Besteuerung, Verfolgung und Aburteilung von Kriegsverbrechern und Bekämpfung von Schwerkriminalität auf die Ebene des Zentralstaates übertragen, was jedoch notorisch auf den Widerstand der Volksgruppen stößt. Vor allem die Republika Srpska widersetzt sich jedem Kompetenzverlust und will eine Verschmelzung mit dem Gesamtstaat unbedingt vermeiden.

Im Anschluss an die ersten Nachkriegswahlen am 14. September 1996 wurden die in der Verfassung vorgesehenen Institutionen ins Leben gerufen. Gemäß Annex IV des Dayton-Vertrags verfügt der Gesamtstaat über folgende Institutionen: die parlamentarische Versammlung mit zwei Kammern; ein dreiköpfiges Präsidium, das mit einem Bosnier, einem Kroaten und einem Serben besetzt ist; Ministerrat und Ministerpräsidenten; den Verfassungsgerichtshof, der aus bosnischen und internationalen Richtern besteht; sowie die Zentralbank. Daneben besitzen die Entitäten jeweils einen vollständigen eigenen Verwaltungsaufbau.

Schon wenige Monate nach Abschluss des Dayton-Vertrags stand der Übergangsverwaltung in Bosnien somit ein wenigstens formal vollständiges Institutionengefüge gegenüber, das mit allen staatlichen Kompetenzen ausgestattet war, während sich die Aufgaben des Hohen Repräsentanten nach dem Wortlaut seines Mandats auf »Überwachung« (der Implementierung des Friedensabkommens), »Koordination« (der verschiedenen internationalen Organisationen) und die »Beseitigung von Schwierigkeiten« beschränkte.

Die Übergangsverwaltung in Bosnien und Herzegowina, vom Dayton-Vertrag mit einem vagen Mandat ausgestattet, sah sich damit von Anfang an einem Staatswesen gegenüber, dessen Institutionen zwar formal vorhanden, in weiten Teilen jedoch handlungsunfähig waren. Der Grund für die Handlungsunfähigkeit des nationalen Parlaments liegt in einem innerstaatlichen Gesetzgebungsverfahren, das eine Blockadepolitik begünstigt. Da das Dayton-Abkommen vorrangig die blutigen Auseinandersetzungen beenden sollte, entspricht die bosnische Verfassung dem kleinsten gemeinsamen Nenner einer möglichen Einigung zwischen den verfeindeten Kriegsparteien. Sie wird von vielen Beobachtern als dysfunktional bezeichnet. Bislang sind alle Versuche zu einer Reformierung der Verfassung an der Uneinigkeit der politischen Akteure gescheitert.

Der ursprüngliche Gedanke bei der Installation des OHR zielte darauf ab, durch die internationale Präsenz Hilfestellung beim Demokratieaufbau zu leisten, während die Hauptverantwortung für die Umsetzung des Dayton-Vertrags bei den lokalen Behörden verbleiben sollte. Praktisch bestand die Aufgabe jedoch bald darin, für ein effektives und verantwortliches Arbeiten dieser lokalen Behörden zu sorgen. Ein Zitat von Carl Bildt, dem ersten Hohen Repräsentanten für Bosnien (1995 bis 1997), veranschaulicht das Hauptproblem bei der Erfüllung dieses Auftrags: *»It is still far more common for Bosnian politicians to go to Washington or Brussels to advocate changes in their constitution than for them to go from one part of Bosnia to another to discuss and seek agreement on those same issues.«*

Mangelnde Kooperationsbereitschaft unter den ethnischen Gruppen veranlasste die Übergangsverwaltung dazu, staatliche Kompetenzen selbst auszuüben, um das Funktionieren des Staatswesens zu gewährleisten. Der Hohe Repräsentant sah sich immer wieder gezwungen, an Stelle des blockierten Parlaments tätig zu werden, um den Wiederaufbau des Landes voranzubringen. So wurde das Mandat, welches (anders als im Kosovo) nicht von vornherein echte hoheitliche Kompetenzen enthielt, »von Fall zu Fall«-Basis ausgebaut, um die Übergangsverwaltung sukzessive mit wachsender innerstaatlicher Handlungsfähigkeit auszustatten.

Nur vor diesem Hintergrund erklärt sich, wie das OHR in Bosnien zu einer echten Übergangsverwaltung mit ausgedehnter Legislativtätigkeit wurde.

UNMIK im Kosovo

Das Kosovo war eine Region innerhalb Serbiens, während Serbien bis zum Zusammenbruch Jugoslawiens einen von sechs jugoslawischen Bundesstaaten darstellte. Die Bevölkerung des Kosovo besteht zu mehr als 80 Prozent aus ethnischen Albanern. Im Jahr 1974 wurde das Kosovo als »autonome Provinz« innerhalb Serbiens von der jugoslawischen Verfassung anerkannt und erhielt weitreichende Selbstverwaltungsrechte, die 1989 nach dem Aufstieg Slobodan Miloševićs wieder zurückgenommen wurden. Es folgte eine Welle des Widerstands, die durch massive Einsätze der jugoslawischen Sicherheitskräfte niedergeschlagen wurde. Mitte der neunziger Jahre begann die »Befreiungsarmee des Kosovo« (UÇK) mit Guerillaattacken auf serbische Institutionen. Die Gegenschläge der serbischen Armee weiteten sich zu Massakern und systematischen Vertreibungen aus; weit über eine halbe Million Kosovaren verließ das Land.

Der Versuch, auf der Friedenskonferenz in Rambouillet im Februar 1999 eine politische Lösung zu finden, scheiterte. Jugoslawien verweigerte die Unterzeichnung des auf der Konferenz ausgearbeiteten Friedensabkommens. Dieses Verhalten veranlasste die NATO zur Intervention. Am 25. März 1999 begann die NATO mit der Bombardierung Serbiens. Am 10. Juni 1999 wurde dem Sicherheitsrat der Vereinten Nationen ein Abkommen zwischen Serbien und der NATO übermittelt, in dem sich Serbien zum Rückzug aller Truppen aus dem Kosovo verpflichtete. In Resolution 1244 (1999) errichtete der Sicherheitsrat am gleichen Tag eine Übergangsverwaltung namens »United Nations Interim Administration Mission in Kosovo« (UNMIK) mit Sitz in Priština.

Schon im gescheiterten Vertrag von Rambouillet war die Gründung einer internationalen »Implementation Mission« mit einem »Chief of Implementation Mission« (CIM) an der Spitze vorgesehen, um die Einhaltung der zivilen Aspekte des Friedensabkommens zu überwachen. Das geplante Mandat des CIM spiegelt die auf den Hohen Repräsentanten bezogenen Formulierungen im Dayton-Vertrag. So heißt es zum Beispiel im Abschnitt »Implementation«, Artikel 5 des Rambouillet-Abkommens: *»The CIM shall be the final authority [...] regarding interpretation of the civilian aspects of this Agreement«*, und im Anschluss dann ausdrücklich: *»and the Parties agree to abide by his determinations as binding on all Parties and persons«*.

Auch an einigen anderen Stellen des Rambouillet-Abkommens wird dem CIM ausdrücklich die Macht verliehen, im Rahmen seiner Aufgaben *»binding directives«* zu erlassen. Hieran zeigt sich, dass bei der Gestaltung der Übergangsverwaltung im Kosovo die mehrjährigen Erfahrungen mit der Lage in Bosnien eine Rolle spielten. Im Kosovo sollte die Mission von Anfang an mit den nötigen legislativen und exekutiven Kompetenzen ausgestattet werden, um ihren Auftrag erfüllen zu können. Entsprechend enthält die Sicherheitsratsresolution 1244 (1999) im Abschnitt über die Errichtung von UNMIK folgende Formulierung: »*[...] decides that the main responsibilities of the international civil presence will include: [...] Performing basic civilian administrative functions where and as long as required [...]*«.

Im Gegensatz zum OHR in Bosnien unterstand der Übergangsverwaltung im Kosovo kein eigener Staat, sondern ein Territorium, das formal zu Serbien gehörte. Die Sicherheitsratsresolution 1244 (1999) bestätigt die territoriale Integrität der Föderalen Republik Jugoslawien bzw. die ihrer Rechtsnachfolgerin, der Republik Serbien, während der Auftrag der Übergangsverwaltung zuallererst darin besteht, eine »substanzielle Autonomie« des Kosovo zu garantieren.

Seit der Unabhängigkeitserklärung des Kosovo am 17. Februar 2008 ist der völkerrechtliche Status der Provinz allerdings ungeklärt.

In den vorangegangenen Jahren war der politische Prozess zur Klärung der Statusfrage unter dem Stichwort »*Standards before Status*« immer weiter aufgeschoben worden, bis das Kosovo ein von der Übergangsverwaltung in Absprache mit den provisorischen Institutionen festgesetztes Set von Standards erfüllt haben würde. Hierzu gehörten u. a. das Funktionieren der demokratischen Institutionen, die Verwirklichung der »*rule of law*« (Rechtsstaatlichkeit), die nachhaltige Flüchtlingsrückkehr, der Schutz der Minderheitenrechte, eine funktionierende Volkswirtschaft und ein gesetzmäßiges Agieren der Sicherheitskräfte. Erst im Februar 2006 leitete UNMIK den

Statusprozess ein – eine Serie von Gesprächen unter internationaler Führung, die zu einer Klärung des künftigen Status des Kosovo führen sollte. Diese Aufgabe erwies sich jedoch als undurchführbar, da beide Seiten unverrückbar auf ihrem jeweiligen Standpunkt beharrten. Die provisorische Regierung des Kosovo bestand auf einer vollständigen Unabhängigkeit der Provinz, Belgrad hingegen auf der Zugehörigkeit des Kosovo zu Serbien. Nachdem die Vorschläge für ein Statusabkommen gescheitert waren, empfahl der Verhandlungsleiter dem Sicherheitsrat der Vereinten Nationen am 3. April 2007 die Unabhängigkeit des Kosovo unter internationaler Überwachung. Der Entwurf für eine neue Resolution, die die Sicherheitsratsresolution 1244 (1999) ersetzen sollte und das Mandat von UNMIK nach einer Übergangsphase von 120 Tagen beendet hätte, konnte auf Grund von Russlands Veto den Sicherheitsrat nicht passieren. Am 17. Februar 2008 erklärte das Parlament in Priština trotzdem die Unabhängigkeit des Kosovo entlang der Bedingungen des gescheiterten Statusabkommens.

Demnach soll UNMIK von einem »International Civilian Office« (ICO) unter der Leitung eines International Civilian Representative abgelöst werden, dessen Rolle strukturell an jene des Hohen Repräsentanten in Bosnien angelehnt wäre. Das ICO soll weiterhin exekutive und legislative Vollmachten innehaben, zum Beispiel zur Abberufung von Ministern und zum Verwerfen von Parlamentsgesetzen. Gleichzeitig wird eine Mission der Europäischen Union namens EULEX mit der Wahrnehmung von Verwaltungsaufgaben im Bereich Justiz-, Zoll- und Polizeiwesen betraut.

Wegen der Blockierung des Sicherheitsrats und der unvollständigen völkerrechtlichen Anerkennung des Kosovo als selbständiger Staat bleibt die Lage allerdings weiterhin unklar. ICO wird von Beobachtern als eine »leere Hülse« bezeichnet, weil nach wie vor die Übergangsverwaltung UNMIK im Kosovo die Zügel in der Hand habe.

Für die Untersuchung des Übergangsrechts ist die Situation vor der Unabhängigkeitserklärung relevant. Den folgenden Ausführungen wird deshalb die Lage vor dem 17. Februar 2008 zu Grunde gelegt.

Die bewusste Entscheidung für eine Vertagung der Statusfrage in die Zukunft bedingte den stufenförmigen Aufbau des UNMIK-Mandats. Zunächst gehörte es zu den Aufgaben von UNMIK, für Autonomie und Selbstverwaltung im Kosovo zu sorgen, Funktionen der Zivilverwaltung auszuüben sowie die Entwicklung provisorischer demokratischer Institutionen der autonomen Selbstverwaltung zu organisieren und zu überwachen. Danach sollte UNMIK administrative Zuständigkeiten auf die neuen provisorischen Institutionen übertragen, einen politischen Prozess in Gang bringen, der zu einer Klärung der Statusfrage führt, und in einem letzten Schritt die Übertragung der Autorität von den provisorischen auf dauerhafte Institutionen begleiten, welche nach Maßgabe eines politischen Abkommens geschaffen werden sollten.

Darüber hinaus enthält das Mandat folgende Aufgaben: Wirtschaftsaufbau und die Unterstützung bei der Wiederherstellung der Infrastruktur, die Aufrechterhaltung von Recht und Ordnung durch Gründung lokaler Polizeieinheiten sowie durch das Errichten einer internationalen Polizeitruppe, den Schutz und die Beförderung der Menschenrechte sowie die Ermöglichung einer sicheren Rückkehr von Flüchtlingen.

Der Übergangsverwaltung steht ein vom Generalsekretär ernannter »Special Representative« vor, der als letztverbindlicher Inhaber der exekutiven und legislativen Autorität betrachtet wird. Die Übergangsverwaltung verfügt über ein Jahresbudget von rund 45 Millionen Dollar und beschäftigt in ihren verschiedenen Niederlassungen insgesamt 403 Mitarbeiter. Zum Vergleich: Im Jahr 2004 umfasste das Personal mehr als 7000 Mitarbeiter bei einem Budget von fast 280 Millionen Dollar.

Militärisch wird die Sicherheit von der Kosovo Force (KFOR) unter Leitung der NATO garantiert. Auch das KFOR-Mandat ist in Resolution 1244 (1999) enthalten.

In Erfüllung ihres Mandats rief die Übergangsverwaltung am 16. Juli 1999 zunächst den »Kosovo Transitional Council« ins Leben, ein beratendes Gremium ohne Exekutivbefugnisse. Im Folgenden beschäftigte sich UNMIK mit der Etablierung von Verwaltungsstrukturen vor allem auf kommunaler Ebene, bis der Special Representative schließlich am 15. Mai 2001 das »Constitutional Framework for Provisional Self-Government in Kosovo« unterzeichnete, eine (hier so genannte) Übergangsverfassung, in der die vorläufigen Organe eines selbstverwalteten Kosovo geschaffen werden, nämlich vor allem eine Parlamentarische Versammlung, das Amt des Präsidenten, die Regierung und das Gerichtswesen. Die gesamtkosovarischen Wahlen am 17. November 2001 führten zur Konstituierung des ersten Parlaments. Allerdings dauerte es noch bis Ende Dezember 2003 und bedurfte eines gewissen Drucks von Seiten der Vereinigten Staaten, bis UNMIK entsprechend der Übergangsverfassung die vorgesehenen Kompetenzen an die neuen innerstaatlichen Institutionen abgegeben hatte.

Gemäß der Übergangsverfassung ist die Parlamentarische Versammlung das Legislativorgan des Kosovo. Allerdings teilt sie sich ihre Aufgaben mit der Übergangsverwaltung, welche die letztverbindliche Autorität in Bezug auf jeglichen staatlichen Akt bleibt. Die inhaltlichen Zuständigkeitsbereiche sind klar voneinander geschieden und werden in der Übergangsverfassung enumerativ aufgelistet. Zu den direkten Zuständigkeiten der Übergangsverwaltung gehören die Außenbeziehungen, Minderheitenrechte, innere Sicherheit, Haushalts- und Fiskalpolitik. Der parlamentarischen Versammlung werden beispielsweise die Wirtschafts- und Finanzpolitik, Handelspolitik, Erziehung, Gesundheit und Soziales zugewiesen.

Im Rahmen ihrer eigenen Kompetenzen erlässt die parlamentarische Versammlung Gesetze nach dem in der Übergangsverfassung beschriebenen Verfahren. Allerdings spielt die Übergangsverwaltung auch hierbei eine entscheidende Rolle: Die Verkündung und damit die Inkraftsetzung eines vom Parlament beschlossenen Gesetzes bleibt in der Zuständigkeit des Special Representative. Die Folge daraus ist, dass der lokale Gesetzgeber auch im Bereich seiner »eigenen« Kompetenzen nicht unabhängig von der Rechtsmacht der Übergangsverwaltung handeln kann.

Hier zeigt sich deutlich der Unterschied zur Rolle des Hohen Repräsentanten in Bosnien. Im Kosovo üben die Übergangsverwaltung und die lokalen Behörden ihre Zuständigkeiten nach klar umrissenen Aufgabenkatalogen aus. Ihre Funktionen greifen ineinander, wobei kein Zweifel daran besteht, dass der Special Representative die letztverbindliche Autorität innehat. Anders als in Bosnien entwickelten sich die Kompetenzen der Übergangsverwaltung also nicht aus einer innerstaatlichen Blockadesituation.

Dies mag zum einen daran liegen, dass ethnische Fragen im Kosovo im Vergleich zu Bosnien einen geringeren Einfluss auf die politischen Abläufe ausüben. Zwar bestehen nach wie vor erhebliche Spannungen zwischen der kosovo-serbischen und der kosovo-albanischen Volksgruppe. Auch genießen die Serben weitgehende Minderheitenrechte, die ihnen feste Plätze in der parlamentarischen Versammlung und in anderen Entscheidungsgremien sichern. Die albanische Volksgruppe stellt aber die ganz überwiegende Mehrheit im Land, während in Bosnien die drei Volksgruppen fast gleich starke Kräfte sind, was zu schärferen Interessenkämpfen führt. Auch leidet das Kosovo nicht unter einem mehrstufigen Staatsaufbau mit einer schwachen Zentralebene, wie es in Bosnien der Fall ist. Vor allem aber verfügte UNMIK, anders als das OHR und nicht zuletzt auf Grund der Erfahrungen mit dem Fall Bosnien, von Anfang an über ein durchdachtes und an bestimmten Zielvorstellungen ausgerichtetes Mandat. In diesem Rahmen übernahm die Mission das ganze Spektrum essenzieller administrativer Aufgaben, das heißt die volle und exklusive Verantwortlichkeit für die Führung der öffentlichen

Angelegenheiten, während der Hohe Repräsentant in Bosnien seine Autorität eher in einer Gemengelage aus Verantwortlichkeiten mit den lokalen Institutionen teilt.

Dementsprechend sind zwei gegenläufige Bewegungen zu beobachten: Während das OHR in Bosnien zu Anfang mit schwachem Mandat ohne hoheitliche Kompetenzen an seinen Auftrag heranging und im Lauf der Jahre immer weitergehende staatliche Befugnisse erworben hat, hatte UNMIK zu Anfang seiner Tätigkeit die gesamte Legislativmacht inne und musste diese sukzessive an die lokalen Behörden abgeben – wobei in beiden Fällen die letztverbindliche Autorität bis zum heutigen Tag in den Händen der Übergangsverwaltungen verblieben ist.

Legislativtätigkeit der Übergangsverwaltungen

Beiden Übergangsverwaltungen ist gemeinsam, dass sie zur Ausübung ihrer Mandate eine große Anzahl von Gesetzen oder gesetzesähnlichen Vorschriften für das ihnen unterstehende Land bzw. Territorium erlassen haben. Das Übergangsrecht in Bosnien umfasst bis heute 915, jenes im Kosovo 655 Rechtsakte. Dieses Gesetzesmaterial wird im Folgenden zusammenfassend vorgestellt und im Überblick kategorisiert.

Die Rechtssetzungstätigkeit der Übergangsverwaltung in Bosnien

Das erste Übergangsgesetz des Hohen Repräsentanten erging am 16. Dezember 1997, also zwei Jahre nach Abschluss des Dayton-Abkommens und der Etablierung der Übergangsverwaltung. Es trägt den Titel *Decision imposing the Law on Citizenship of BiH* und ist als ein Brief an die dreiköpfige Präsidentschaft formuliert. Nach der Anrede »*Dear Presidents*« stellt der Hohe Repräsentant fest, dass es dem Parlament des Gesamtstaats zwar gelungen sei, zwei Gesetze ordnungsgemäß zu verabschieden, dass aber das Gesetz über die Staatsbürgerschaft (»*Law on Citizenship of BiH*«) im Parlament gescheitert sei. Der Hohe Repräsentant entscheidet deshalb, »*that the Law on Citizenship of Bosnia and Herzegovina shall enter into force by 1 January 1998 on interim basis, until the Parliamentary Assembly adopts this law in due form, without amendments and no conditions attached. The text of the Law, submitted to Parliament [...] is attached hereto and must be published in the Official Gazette as well.*«

Der Text des ersten Übergangsgesetzes endet mit der Feststellung, dass der Friedensprozess »in eine neue und entscheidende Phase« eingetreten sei und der Hohe Repräsentant in Zukunft seine »Autorität voll nutzen« werde, um eine effektive Umsetzung des Dayton-Vertrags zu gewährleisten. Abschließend kündigt er an, diesen »Brief« an die Presse weiterzuleiten. Die Abschiedsformel lautet: »*Yours sincerely, Carlos Westendorp, High Representative*«.

An der Tatsache, dass nach Etablierung der Übergangsverwaltung bis zum Erlass des ersten Übergangsgesetzes zwei Jahre vergingen, lässt sich ersehen, dass legislatives Handeln nicht von Anfang an zu den Kompetenzen des Hohen Repräsentanten gezählt wurde. Zunächst übernahm die Übergangsverwaltung vor allem die Funktion eines Vermittlers sowohl zwischen lokalen als auch zwischen internationalen Akteuren in der Region, was als eine Fortsetzung der Rolle der internationalen Gemeinschaft während der Serie von Friedensverhandlungen zu Kriegszeiten verstanden werden kann. Im Lauf der Zeit wurde deutlich, dass die Übergangsverwaltung in Bosnien einem Staatsapparat gegenüberstand, der nicht willens oder in der Lage war, die Erwartungen der internationalen Gemeinschaft bezüglich des Demokratieaufbaus zu erfüllen.

Dem Erlass des ersten Übergangsgesetzes war ein Streit zwischen dem Hohen Repräsentanten und der Republika Srpska (der serbischen Entität innerhalb Bosniens) vorausgegangen. Im Jahr 1997 hatte der serbische Radio- und Fernsehsender SRT Programme mit nationalistischen Inhalten gesendet, die nach Ansicht der Übergangsverwaltung volksverhetzend waren. Nachdem SRT wiederholte Aufforderungen zur Einstellung dieses Verhaltens ignoriert hatte, besetzte die Übergangsverwaltung mit der Unterstützung von SFOR-Truppen die Radio- und Fernsehstation, schaltete den Sender ab und entließ die gesamte Management-Ebene.

In Folge dieser Vorfälle thematisierte der PIC auf seinem ministerialen Treffen in Bonn am 10. Dezember 1997 die Kompetenzen der Übergangsverwaltung. Das Abschlussdokument, die so genannten *»Bonn Conclusions«*, enthalten die Formulierung, dass der PIC die Intention des Hohen Repräsentanten begrüße, die Interpretationskompetenz der Übergangsverwaltung aus dem Dayton-Vertrag durch den Erlass von *»binding decisions«* zu nutzen. Unter diesen »bindenden Entscheidungen« verstand die Übergangsverwaltung fortan Gesetze, die sie an Stelle des bosnischen Parlaments oder anderer lokaler Behörden in Kraft setzte.

Die *»Bonn Conclusions«* markieren somit den Ausgangspunkt des Übergangsrechts in Bosnien.

Bis heute wurden vom Hohen Repräsentanten insgesamt 915 Übergangsgesetze erlassen. Da sie nicht auf einem klar umrissenen Kompetenzkatalog beruhen, gibt es keine offizielle Kategorisierung des bislang ergangenen Übergangsrechts. Es sind aber drei verschiedene Handlungsformen identifizierbar: Übergangsanweisungen, Übergangsdirektiven und Übergangsgesetze im engeren Sinn.

Übergangsanweisungen *(»orders«)* regeln jeweils einen Einzelfall, nämlich vor allem das Einfrieren von Bankkonten einzelner Personen, die nach Auffassung des Hohen Repräsentanten durch Verwicklung in kriminelle Geschäfte das Dayton-Abkommen verletzen oder seine Durchführung behindern. Übergangsrecht aus dieser Kategorie beschäftigt sich häufig mit Fällen, in denen bosnische Serben verdächtigt werden, angeklagten Kriegsverbrechern wie Radovan Karadzić bei ihrer Flucht vor der Strafverfolgung durch das Internationale Tribunal in Den Haag zu helfen. Nicht selten ergehen derartige Maßnahmen gegen hochrangige Politiker und werden mit einer Amtsenthebung verbunden wie beim früheren bosnischen Präsidenten Mirko Sarović.

Mit der **Übergangsdirektive** *(»directive«)* suspendiert der Hohe Repräsentant die Auszahlung von öffentlichen Geldern an lokale politische Akteure, die seiner Meinung nach politische Obstruktion betreiben und auf diese Weise die Implementierung des Dayton-Abkommens stören. Der finanzielle Druck soll die betreffenden Personen oder Institutionen zu kooperativem Verhalten zwingen. Die erste Übergangsdirektive erging am 13. Juni 2003 und betraf Minister des Herzegowina-Neretva-Kantons, die nach den Wahlen am 5. Oktober 2002 die Neubildung einer Regierung verhindert hatten. Die Monatsgehälter sämtlicher Minister und ihrer Stellvertreter wurden durch die Direktive auf die Höhe des Durchschnittseinkommens in der Föderation Bosnien-Herzegowina reduziert.

Ähnlich wie die Übergangsanweisung setzt auch die Direktive keine allgemeine Rechtsfolge, sondern regelt einen Einzelfall.

Übergangsgesetze im engeren Sinn stellen die eigentliche legislative Handlungsform der Übergangsverwaltung dar. An ihnen zeigt sich die ganze inhaltliche und funktionelle Bandbreite des Übergangsrechts.

Nach Erlass des ersten legislativen Aktes am 16. Dezember 1997 hat sich die Gesetzgebungstätigkeit des Hohen Repräsentanten rasch intensiviert. Wurden im Jahr 1998 noch 29 Übergangsgesetze erlassen, so ergingen im Jahr 1999 bereits 90. Höhepunkte stellen die Jahre 2002 und 2004 mit 153 bzw. 143 Übergangsgesetzen dar. Danach ist ein deutlicher Rückgang der Legislativtätigkeit zu verzeichnen; im Jahr 2007 wurden nur noch 35 Übergangsgesetze in Kraft gesetzt.

In dieser Entwicklung spiegelt sich die Tatsache, dass der Hohe Repräsentant erst zwei Jahre nach Beginn der internationalen Mission begann, die legislativen Instrumente für sich zu entdecken. Nachdem die Übergangsgesetze im engeren Sinn anfänglich als Briefe an die lokalen Institutionen Bosniens formuliert waren, einen höflichen, fast entschuldigenden Tonfall aufwiesen und aus der Ich-Perspektive formuliert waren, gewannen sie im Lauf der Zeit zusehends den Charakter von unpersönlichen legislativen Entscheidungen. Auf eine Anrede wird – außer bei Amtsenthebungen – verzichtet; der Hohe Repräsentant beruft sich selbstbewusst auf seine Kompetenzen, gewisse Standardformulierungen bürgern sich ein. Auch ist bei neueren Übergangsgesetzen eine Gliederung in nummerierte Artikel üblich. Hinzu kommt die Verwendung einer Präambel, die sich ab Mitte des Jahres 1999 herauszubilden begann.

Die Entwicklung der Übergangsgesetzgebung während der zurückliegenden zehn Jahre ist jedoch nicht nur der zunehmenden Übung der internationalen Mission beim Umgang mit Legislativakten geschuldet, sondern spiegelt auch die Persönlichkeit und das funktionelle Selbstverständnis des jeweiligen Amtsinhabers. Während der Amtszeit des britischen Lords Paddy Ashdown (Hoher Repräsentant vom 27. Mai 2002 bis 31. Januar 2006), der als Vertreter einer Politik der starken

Hand bekannt war, ergingen 400 Übergangsgesetze im engeren Sinn. Sein Nachfolger Christian Schwarz-Schilling verfolgte in seiner Amtszeit vom 31. Januar 2006 bis zum 30. Juni 2007 eine entgegengesetzte Strategie: Er kündigte an, seine legislativen Kompetenzen nur zu nutzen, wenn eine ernste Bedrohung für den Frieden vorläge oder wenn die Arbeit des Kriegsverbrechertribunals in Den Haag es verlange. Entsprechend ging die Zahl der erlassenen Übergangsgesetze während seiner Amtszeit zurück: Er erließ nur 77 Übergangsgesetze.

Die Übergangsgesetze erfüllen sehr unterschiedliche Funktionen im Staatswesen Bosnien-Herzegowinas, lassen sich jedoch bei näherer Betrachtung fünf Kategorien zuordnen: verfassungsändernde, gesetzgebende und amtsbezogene Übergangsgesetze, weiterhin Übergangsgesetze zur Schaffung oder Ausgestaltung von Institutionen sowie »sonstige« Übergangsgesetze.

Eine **Änderung der bosnischen Verfassungen** obliegt nach den einschlägigen Bestimmungen der jeweiligen lokalen Legislative. In elf Fällen hat jedoch der Hohe Repräsentant Verfassungsänderungen in den Entitäten per Übergangsgesetz herbeigeführt.

Anders als in den Entitäten ist eine Änderung der Verfassung des Gesamtstaates bislang weder durch die zuständige parlamentarische Versammlung noch durch Übergangsgesetz erfolgt. Da die bosnische Verfassung Teil des Dayton-Vertrags ist, scheint es fraglich, ob der Hohe Repräsentant überhaupt die rechtliche Möglichkeit zu einer Änderung besäße. Allerdings ließe sich argumentieren, dass, wenn eine Änderung der Gesamtstaatsverfassung durch die parlamentarische Versammlung möglich ist, auch der Hohe Repräsentant dazu in der Lage sein müsste. In vielen anderen Bereichen zeigt sich schließlich, dass seine Kompetenzen nicht hinter jenen der lokalen Institutionen zurückbleiben.

Zweierlei spricht jedoch dafür, dass es der Hohe Repräsentant entweder für unzulässig oder für politisch nicht wünschenswert hält, die Verfassung des Gesamtstaates per Übergangsgesetz zu ändern: die massiven Bemühungen des OHR um eine Verfassungsreform auf gesamtstaatlicher Ebene und sein Verzicht auf ein verfassungsänderndes Übergangsgesetz nach deren Scheitern am 26. April 2006. Die aufwendig vorbereitete Verfassungsreform konnte die parlamentarische Versammlung nicht passieren, es fehlten zwei Stimmen zur notwendigen Zweidrittelmehrheit. Hauptziel der Reform war eine Stärkung des Gesamtstaates durch erweiterte Befugnisse der Zentralregierung in Sarajevo. Das dreiköpfige Staatspräsidium sollte durch einen Präsidenten mit zwei Stellvertretern ersetzt, die Arbeit des Parlaments effektiver gestaltet und das Gesetzgebungsverfahren vereinfacht werden. Auf dieses Reformpaket hatten sich die Spitzen aller wichtigen Parteien am 18. März 2006 nach monatelangen Verhandlungen unter internationalem Druck geeinigt. Abgelehnt wurde die Reformvorlage von den Vertretern extremer Positionen, die ihre Interessen durch eine Schwächung der Entitäten gefährdet sahen. Das Scheitern der Verfassungsreform bedeutete einen

Rückschlag für das OHR sowie für Bosniens Bemühungen um eine Annäherung an die EU. Trotzdem hat der Hohe Repräsentant die gescheiterte Verfassung nicht einfach per Übergangsgesetz in Kraft gesetzt, wie es in den alltäglicheren Fällen der (nicht verfassungsrechtlichen) Gesetzgebung üblich ist.

In solchen Fällen nämlich erlässt die Übergangsverwaltung ein **gesetzgebendes Übergangsgesetz** und verhilft so einem Rechtsakt zur Wirkung, der das blockierte bosnische Parlament nicht passieren konnte. Gesetzgebende Übergangsgesetze sind durch eine formale Trennung zwischen dem Übergangsgesetz selbst (belegt mit dem Begriff *»decision«*) und dem durch dieses in Kraft gesetzten innerstaatlichen Gesetz *(»law«)* gekennzeichnet. In der *»decision«* wird ausdrücklich die grundsätzliche Zuständigkeit der parlamentarischen Versammlung sowie die Vorläufigkeit des Gesetzes betont. Das Parlament wird aufgefordert, das Gesetz erneut zu erlassen – allerdings ohne jegliche Änderung und ohne dass ein solcher Neuerlass zur Herbeiführung von Rechtswirkung erforderlich wäre. Entsprechend wirkt die an das Parlament gerichtete Aufforderung zum Tätigwerden eher wie die Einladung zu einem Demokratiespiel. Das durch den Hohen Repräsentanten erlassene Gesetz entfaltet nämlich ohne Mitwirkung des Parlaments bereits volle Rechtskraft.

Bei den **amtsbezogenen Übergangsgesetzen** handelt es sich um Entlassungen oder Ernennungen konkreter Personen in Bezug auf bestimmte Ämter. Die Entlassungen betreffen Fälle, in denen ein Amtsinhaber nach Meinung des Hohen Repräsentanten mit dem Dayton-Vertrag in Konflikt gekommen ist. Betroffen sind öffentliche Ämter oder Parteipositionen, wobei es keine Rolle spielt, ob der betreffende Amtsträger demokratisch gewählt wurde – der Hohe Repräsentant entlässt auch Staatspräsidenten, wie zuletzt auf Ebene des Zentralstaats durch die »Decision removing Dragan Covic from his position as a Member of the Presidency of BiH« am 29. März 2005. Auch Richter werden mittels amtsbezogenen Übergangsgesetzes entlassen. Ebenso beziehen sich die Entlassungen auf Führungspositionen in staatlichen Unternehmen.

Häufig wird mit der Amtsenthebung das Verbot der Ausübung von öffentlichen oder Parteiämtern sowie ein Verlust des passiven Wahlrechts verbunden. Ein solcher »Bann« bleibt so lange in Kraft, bis er vom Hohen Repräsentanten durch ein weiteres Übergangsgesetz wieder aufgehoben wird.

Das Übergangsrecht aus der Kategorie **»Übergangsgesetze zur Schaffung oder Ausgestaltung von Institutionen«** dient dem Institutionenaufbau in Bosnien, an dem sich die Übergangsverwaltung in untergeordneter Rolle beteiligt. An der vergleichsweise kleinen Anzahl von institutionellen Übergangsgesetzen lässt sich ablesen, dass die Aufgabe des OHR, anders als bei UNMIK im Kosovo, eher in der Überwachung bereits bestehender Institutionen als im Aufbau von neuen Einrichtungen besteht.

Neuere Übergangsgesetze aus dieser Kategorie beschäftigen sich häufig mit der Schaffung von Reform- oder Restrukturierungskommissionen. Nur in einigen der früheren Gesetze ging es um die Errichtung von staatswesentlichen Institutionen, wie bei der Erschaffung des *BiH State Court*, bei der Einrichtung einer neuen Gebietskörperschaft im Fall des umstrittenen Brčko-Distrikts oder bei der Einsetzung der Kommission zur Vorbereitung eines Wahlgesetzes.

In den ersten Jahren der Legislativtätigkeit des Hohen Repräsentanten fiel ein großer Teil des Übergangsrechts in die Kategorie **»Sonstige«**. Dies hängt damit zusammen, dass es der Übergangsverwaltung in ihrer frühen Phase häufig notwendig erschien, politische Probleme gewissermaßen von einem Tag auf den anderen möglichst schnell und flexibel zu lösen.

So bestimmte der Hohe Repräsentant beispielsweise, bei welchen Gelegenheiten die neue Flagge Bosniens zu hissen sei; er ordnete nach einer langen Pause ein Treffen der drei Präsidenten Bosniens an; er entschied über Ortsbezeichnungen und sorgte dafür, dass zurückkehrende Flüchtlinge bevorzugt einen Telefonanschluss erhielten.

In seinem Inhalt spiegelt das Übergangsrecht im Ganzen die enorme Bandbreite der durch den Hohen Repräsentanten ausgeübten Handlungsbefugnisse. Das OHR bildet in seiner Sammlung bisher ergangener Übergangsgesetze folgende inhaltlichen Kategorien: Staatssymbole, Staatsangelegenheiten, Verfassungsfragen; Wirtschaft; Justizreform; Föderation, Stadt Mostar, Kanton Herzegowina-Neretva; Amtsenthebungen; Medien; Eigentumsrechte, Flüchtlingsrückkehr, Versöhnung; und Personen, die eines Kriegsverbrechens angeklagt sind. Dabei sind Maßnahmen aus den Kategorien »Justizreform« und »Amtsenthebungen« am häufigsten vertreten.

Die Rechtssetzungstätigkeit von UNMIK im Kosovo

Das **erste Übergangsgesetz** im Kosovo wurde am 25. Juli 1999 erlassen, also gleich sechs Wochen nach der Etablierung von UNMIK durch Sicherheitsratsresolution 1244 (1999). In der UNMIK-Regulation 1999/1 beschäftigt sich der Special Representative ausführlich mit der Ausgestaltung seiner eigenen Kompetenzen. Indem er sich auf seine in Resolution 1244 (1999) begründete Autorität bezieht, »verkündet« er »hiermit das Folgende«: *»All legislative and executive authority with respect to Kosovo, including the administration of the judiciary, is vested in UNMIK and is exercised by the Special Representative of the Secretary-General.«* Etwas weiter unten heißt es mit direktem Bezug auf künftig zu erlassendes Übergangsrecht: *»UNMIK will, as necessary, issue legislative acts in the form of regulations.«*

Unterzeichnet ist das erste Übergangsgesetz von Dr. Bernard Kouchner, dem ersten Special Representative im Kosovo. Der Special Representative selbst hat die UNMIK-Regulation 1999/1 »die Mutter aller Regulationen« genannt. Während die Sicherheitsratsresolution 1244 (1999) der Übergangsverwaltung ausdrücklich nur die Aufgabe zuweist, für Autonomie und Selbstverwaltung im Kosovo zu sorgen und Funktionen einer Zivilverwaltung auszuüben, behandelt das erste Übergangsgesetz UNMIK gleich als einen ordentlichen Gesetzgeber. Der Special Representative ging davon aus, auf diese Weise eine Rechtsgrundlage für die Legislativtätigkeit seiner Mission zu schaffen. Bernard Kouchner erklärte auf einer Pressekonferenz am 26. Juli 1999 in Priština: *»The Mother of Regulations provides a legislative basis for the exercise of the full* *governmental powers [...]. Under the mandate established by the international community, UNMIK is the legal authority in Kosovo. We intend to exercise that authority fully.«*

Paradoxes Ergebnis dieser Auffassung wäre, dass das erste Übergangsgesetz seine eigene Rechtsgrundlage darstellt. Aus juristischer Sicht ist das jedoch unmöglich.

Die Regulation 1999/1 entstand aber nicht im luftleeren Raum, sondern bezog sich auf einen Bericht des UN-Generalsekretärs an den Sicherheitsrat vom 12. Juli 1999, der von Regulation 1999/1 fast wörtlich zitiert wird. Aus dem Wortlaut des Berichts ergibt sich, dass der UN-Generalsekretär davon ausging, die bereits durch die Sicherheitsratsresolution 1244 (1999) an UNMIK verliehenen Kompetenzen zu konkretisieren und auszuformulieren: *»The Security Council, in its resolution 1244 (1999), has vested in the interim civil administration authority over the territory and people of Kosovo. All legislative and executive powers, including the administration of the judiciary, will, therefore, be vested in UNMIK.«*

Indem das erste Übergangsgesetz diese und weitere Konkretisierungen des Berichts fast wörtlich übernimmt, begründet es nicht die Zuständigkeiten der Übergangsverwaltung, sondern macht sie im kosovarischen Rechtsraum bekannt. Unmissverständlich wird das künftige Legislativhandeln der Mission angekündigt. Zu dieser Betrachtungsweise passt die Tatsache, dass der Special Representative in den ersten Wochen nach seinem Amtsantritt auch in anderen Zusammenhängen bemüht war, UNMIK als neuen Inhaber der Staatsgewalt im Kosovo zu positionieren.

Nicht zuletzt als Folge der Erfahrung mit der Übergangsverwaltung in Bosnien bediente sich UNMIK im Kosovo bei ihrer Legislativarbeit von Anfang an eines genauer strukturierten Konzepts. So werden die vom Special Representative erlassenen Übergangsgesetze einheitlich als *»regulations«* bezeichnet. Daneben gibt es eine zweite Erscheinungsform des Übergangsrechts, nämlich die Verwaltungsvorschrift *(»administrative direction«)*.

Diese beiden Handlungsformen des Special Representative sind systematisch klar voneinander geschieden und werden von UNMIK in getrennten Listen geführt. Während dem Übergangsgesetz ein regelnder Gehalt mit Außenwirkung zukommt, wirken Verwaltungsvorschriften eher intern und dienen ausschließlich der Durchführung von Übergangsgesetzen.

Nachdem der Special Representative am 25. Juli 1999 seine Gesetzgebungstätigkeit aufgenommen hatte, ergingen bis heute 655 Rechtsakte. Darunter befinden sich 443 Übergangsgesetze und 212 Verwaltungsvorschriften.

Formal hat sich das Übergangsrecht seit Erlass der ersten Maßnahme am 25. Juli 1999 kaum weiterentwickelt. Rechtsakte beginnen mit einer kurzen Präambel, auf die der in *»sections«* und Ziffern unterteilte Gesetzestext folgt.

Eine Regel für die Verkündung enthalten die Übergangsgesetze nicht. Sie werden jedoch in der von UNMIK herausgegebenen *»Official Gazette«* veröffentlicht.

Die **erste Verwaltungsvorschrift** UNMIK/DIR/1999/1, »Implementing UNMIK Regulation No. 1999/3 of 31 August 1999 on the Establishment of the Customs and other related Services in Kosovo«, erging am 31. August 1999 und beschäftigt sich ausgiebig mit der Ausgestaltung des durch das Übergangsgesetz Nr. 1999/3 geschaffenen Zollsystems.

Ihrer Wirkungsrichtung nach beziehen sich Verwaltungsvorschriften vornehmlich auf die Verwaltungsorganisation. Sie regeln die Tätigkeit von Behörden bei der Umsetzung von Übergangsgesetzen und entfalten somit in der Regel keine Außenwirkung für die Bürger des Kosovo. Obwohl sich das System des Übergangsrechts des Special Representative strukturierter präsentiert als die über Jahre gewachsene Gestalt der Rechtsakte des Hohen Repräsentanten in Bosnien, ist auch hier keine echte Trennschärfe gewährleistet. So finden sich auch unter den Verwaltungsvorschriften Regelungen mit unmittelbarer Wirkung für Individuen, so zum Beispiel bei der Begründung eines Rechtswegs gegen Bußgelder im Straßenverkehr oder bei der Regelung zum vorübergehenden Einzug eines Führerscheins.

Auch wenn die Überschriften der Rechtsakte des Special Representative nicht auf eine Zuordnung zu bestimmten funktionellen Kategorien hindeuten, lässt sich eine grobe Sortierung nach Zweck und Bestimmung der jeweiligen Norm vornehmen. Demnach lassen sich auch hier verfassungsgebende bzw. verfassungsändernde, gesetzgebende und gesetzverkündende Übergangsgesetze sowie Übergangsgesetze zur Schaffung oder Ausgestaltung von Institutionen unterscheiden.

Anders als Bosnien verfügte das Kosovo bei Errichtung der Übergangsverwaltung nicht über eine eigene Verfassung. Durch **Erlass der Übergangsverfassung** in Regulation 2001/9 vom 15. Mai 2001 hat sich der Special Representative zwar nicht direkt als Verfassungsgeber, wohl aber als Schöpfer eines verfassungsähnlichen Dokuments betätigt.

Der Rechtscharakter der Übergangsverfassung ist nämlich zweifelhaft. Die Tatsache, dass Kosovo kein eigener Staat, sondern ein Teil Serbiens ist, steht dem Verfassungscharakter des Dokuments zunächst nicht im Weg, da auch unterstaatliche Einheiten wie z. B. ein Bundesland über eine Verfassung verfügen können. Der Übergangsverfassung fehlen aber einige Merkmale einer »echten« Verfassung: Zum einen müsste sie ihren Ursprung in einer »verfassungsgebenden Gewalt« haben, also durch das Volk selbst oder wenigstens durch ein vom Volk gewähltes Parlament erlassen worden sein. Zum anderen käme ihr ein höherer Rang und eine höhere Bestandsgarantie als anderen Gesetzen zu. Die Übergangsverfassung ist aber als »normale« Regulation in Kraft getreten und kann ohne besondere Formerfordernisse vom Special Representative geändert werden. Sie genießt daher keinen besonderen Bestandsschutz. Weiterhin ist zweifelhaft, ob der Special Representative als »verfassungsgebende Gewalt« betrachtet werden kann. In der sensiblen politischen Situation der ungeklärten Statusfrage soll er das Kosovo verwalten, nicht aber über existenzielle Bestandsfragen entscheiden. Es scheint schwer vorstellbar, dass die Vereinten Nationen bei der Errichtung von UNMIK einen echten Verfassungsgeber einsetzen wollten. Viel wahrscheinlicher sollte das Kosovo auf einen Weg gebracht werden, an dessen Ende sich das Volk im Fall einer Unabhängigkeitserklärung selbst eine Verfassung gibt, wie es am 17. Februar 2008 durch Parlamentsbeschluss dann auch tatsächlich geschehen ist. Formell-rechtlich ist die Übergangsverfassung deshalb als einfaches Übergangsgesetz zu betrachten.

Die Übergangsverfassung setzt das Mandat der Übergangsverwaltung zur Errichtung demokratischer Institutionen um. Darüber hinaus gewährleistet die Übergangsverfassung Grundrechtsschutz, indem sie verschiedene Konventionen zum Schutz der Menschenrechte als direkt anwendbare Vorschriften integriert. Weiterhin wird der Vorrang der verfassungsähnlichen Bestimmungen über das einfache Recht der parlamentarischen Versammlung geregelt. Die Eigenständigkeit der Übergangsverfassung wird dadurch unterstrichen, dass der Text formal kein Bestandteil des Übergangsgesetzes ist, sondern diesem als Anhang beigefügt wurde.

In Artikel 14.3 der Übergangsverfassung behält sich die Übergangsverwaltung das Recht zur Änderung der Übergangsverfassung vor, und zwar auf eigene Initiative oder nach Wunsch einer Zweidrittelmehrheit des lokalen Gesetzgebers. In Ausübung dieser Zuständigkeit hat der Special Representative vier verfassungsändernde Übergangsgesetze erlassen.

Im Unterschied zum Hohen Repräsentanten in Bosnien handelt der Special Representative im Kosovo seiner eigenen Auffassung nach nicht »an Stelle« des lokalen Gesetzgebers. Vielmehr lag die legislative Gewalt anfänglich allein bei der Übergangsverwaltung und wurde dann nach Gründung der vorläufigen lokalen Institutionen sukzessive auf diese übertragen, wobei die Zuständigkeitsbereiche durch die Übergangsverfassung deutlich voneinander geschieden sind. Nichtsdestotrotz gibt es einzelne **gesetzgebende Übergangsgesetze**, die ein Regelwerk in Kraft setzen, das (formal) nicht mit dem Übergangsgesetz identisch ist.

Zu diesen Ausnahmefällen kommen unzählige Beispiele, in denen der Special Representative als »echter« Gesetzgeber tätig wird, ohne förmlich zwischen erlassendem und erlassenem Rechtsakt zu unterscheiden. Im Gegensatz zum Hohen Repräsentanten in Bosnien handelt der Special Representative von Anfang an in dem Selbstverständnis, aktiv am Aufbau einer demokratischen Rechtsordnung im Kosovo beteiligt zu sein. Auch nach Schaffung der lokalen Institutionen übt er die ihm vorbehaltenen Kompetenzen *(»reserved powers«)* in diesem Sinne aus. Das führt zum Erlass von Übergangsgesetzen, die nicht nur knappe Handlungsanweisungen zur Klärung einer problematischen Lage enthalten oder den breiten Rahmen für die rechtliche Regulierung eines Sachbereichs setzen, sondern nach Länge und Ausgestaltung selbst umfassende Gesetzestexte sind.

Eine große Kategorie im Übergangsrecht des Special Representative machen die **gesetzverkündenden Übergangsgesetze** aus. Der Special Representative ist zuständig für die Verkündung von Gesetzen der parlamentarischen Versammlung und somit Teil des ordentlichen lokalen Gesetzgebungsverfahrens. Gesetzverkündende Übergangsgesetze sind schon in ihren Überschriften als solche ausgewiesen. Das entsprechende Gesetz der parlamentarischen Versammlung ist dem Übergangsgesetz in voller Länge als Anhang beigefügt.

Auch gesetzverkündende Übergangsgesetze sind eine Unterform der gesetzgebenden Übergangsgesetze, mit dem Unterschied, dass den gesetzverkündenden Regulationen die Ausarbeitung und Annahme eines Rechtsakts im ordentlichen Verfahren durch die parlamentarische Versammlung vorangegangen ist. Dabei stellt die Mitwirkung des Special Representative keineswegs eine bloße Formalität dar. Vielmehr handelt es sich um die Ausübung der letztverbindlichen Autorität des Special Representative als höchste legislative Gewalt im Kosovo. Dies zeigt sich daran, dass gesetzverkündende Übergangsgesetze den Inhalt des betreffenden Gesetzes abändern können, ohne den Text noch einmal an die parlamentarische Versammlung zurückleiten zu müssen. Letztlich macht sich der Special Representative durch den Erlass des Übergangsgesetzes also den Rechtsakt des lokalen Gesetzgebers vollständig zu eigen. Dies gilt für die gesamte Legislativtätigkeit der parlamentarischen Versammlung, da alle Gesetze dem Special Representative zur Ausfertigung zugeleitet werden müssen.

Die gesetzverkündenden Übergangsgesetze machen etwa ein Drittel des Übergangsrechts im Kosovo aus. Thematisch befassen sie sich mit Bereichen wie Handelspolitik, Erziehung, Gesundheit und Soziales, Umwelt und Landwirtschaft, Transport, Tourismus u. v. m.

Effekt dieses Zusammenhangs ist, dass im Kosovo, anders als in Bosnien, das gesamte nach Errichtung der Übergangsverwaltung erlassene Recht als Übergangsrecht zu betrachten ist. Angesichts der Autorität der Übergangsverwaltung erscheint die Tätigkeit der parlamentarischen Versammlung als ein kontrollierter Übungslauf zum Erlernen von demokratischen Verfahren.

Zum Übergangsrecht des Special Representative gehört weiterhin eine große Anzahl von **Gesetzen, die der Schaffung oder Ausgestaltung von Institutionen** dienen. Regulation 2000/1 enthält als Anhang eine Liste mit 14 zu gründenden »Administrative Departments«, welche dann ab dem 3. März 2000 durch eine Reihe von Übergangsgesetzen geschaffen wurden. Diese Übergangsgesetze bilden die rechtliche Grundlage für die Entstehung der betreffenden Institution, regeln ihre Kompetenzen, ihre Leitung und die Einstellung von Mitarbeitern. Darüber hinaus wurden vom Special Representative zahlreiche weitere Einrichtungen geschaffen; beispielsweise Wahlkommissionen, Menschenrechtsinstitutionen oder Justizbehörden wie der »Judicial and Prosecutorial Council«.

Der Special Representative selbst nimmt keine inhaltliche Sortierung seines Übergangsrechts vor. Sein Legislativhandeln erstreckt sich auf sämtliche Bereiche des Staatswesens. Eine Sichtung der erlassenen Gesetze legt folgende **inhaltliche Kategorien** nahe: Staatsangelegenheiten; Sicherheit und Inneres; Wirtschaft und Soziales; Zollwesen; Finanzen, Steuern, Budget; Justiz und Strafverfolgung; Eigentumsrecht, Katasterwesen; Gesundheit; Medien; Telekommunikation, Post, Infrastruktur, Transport; Kultur, Bildung und Wissenschaft; und Sonstiges (z. B. Umweltschutz, Tierschutz).

Zusammengefasst lässt sich feststellen, dass die Rechtssetzungstätigkeit des Special Representative im Kosovo in weitaus geordneteren Bahnen verläuft als jene des Hohen Repräsentanten in Bosnien. Im Kosovo präsentiert sich das Übergangsrecht nicht als Ergebnis einer Notfallkompetenz zur Überwindung von mangelnder Handlungsfähigkeit oder mangelndem Handlungswillen der lokalen Institutionen, sondern als ein umfassendes Instrument zur Errichtung einer demokratischen Rechtsordnung. Die Zuständigkeitsverteilung zwischen den internationalen und den einheimischen Behörden ist klarer definiert und damit transparenter, wobei die letztverbindliche legislative Autorität jedoch stets in Händen der Übergangsverwaltung bleibt. Da der Special Representative die von der parlamentarischen Versammlung erlassenen Gesetze mittels eines Übergangsgesetzes »verkündet« und dabei auch abändern kann, ist letztlich davon auszugehen, dass auch die Rechtsakte der lokalen Behörden ihre Wirksamkeit aus der Rechtsmacht der Übergangsverwaltung beziehen, weshalb es sich bei der Zuständigkeitsverteilung in der Übergangsverfassung eher um die Regelung eines arbeitsteiligen Verfahrens als um die Abgrenzung echter Ermächtigungsgrundlagen handelt.

III. Souveränitätsbeschränkendes Handeln

Demokratieaufbau mit Hilfe einer Übergangsverwaltung ist nicht der einzige Fall, in dem einzelne Staaten oder die internationale Gemeinschaft in die inneren Angelegenheiten eines anderen Landes eingreifen. Historisch haben sich verschiedene Phänomene souveränitätsbeschränkenden internationalen Handelns entwickelt. »Protektorat« oder »Treuhandverwaltung« sind Begriffe aus diesem Bereich, die nicht selten, aber wenig fruchtbar auch zur Beschreibung von Übergangsverwaltungen herangezogen werden.

Bevor in Kapitel IV behandelt werden kann, auf welcher Rechtsgrundlage eine Übergangsverwaltung gesetzgeberisch tätig wird, muss zunächst geklärt werden, ob und wie sie sich in das bestehende System von internationalen Eingriffsverwaltungen einordnen lässt.

Zur Begriffsbestimmung: Souveränität, Staatsgewalt und Hoheitsrechte

Eines der konstituierenden Merkmale einer Übergangsverwaltung ist ihr Eindringen in die Souveränität des verwalteten Staates oder Gebiets. Indem sie bindende Gesetze für das betroffene Territorium mit direkter Wirkung für die Bürger erlässt, übt sie Hoheitsrechte aus, die unter normalen Umständen allein dem staatlichen Souverän zustehen.

In der Literatur werden die Begriffe »Souveränität«, »Staatsgewalt«, »Gebietshoheit« und »Hoheitsrechte« häufig nicht klar voneinander abgegrenzt, was eine sorgfältige Analyse der rechtlichen Vorgänge erschwert. Deshalb erfolgt hier zunächst eine Klärung der verwendeten Terminologie.

Den Gebrauch des Terminus **»Souveränität«** behindert die Tatsache, dass eine völkerrechtliche und eine staatsrechtliche Lesart existieren.

Im Völkerrecht zerfällt der Begriff in »äußere« und »innere« Souveränität, wobei äußere Souveränität die grundsätzliche Unabhängigkeit eines Staates von anderen Staaten meint, während unter innerer Souveränität die Selbstbestimmtheit in Fragen der inneren Ausgestaltung verstanden wird.

Nach staatsrechtlichem Verständnis hingegen ist »Souveränität« ein Synonym für Staatshoheit oder Hoheitsgewalt und bezeichnet die oberste Kompetenz zur Machtausübung im Inneren.

Für die Untersuchung einer Übergangsverwaltung, die legislativ auf fremdem Staatsgebiet tätig wird, ist die Souveränität des betroffenen Staates vor allem insofern von Bedeutung, als sie normalerweise die innere Rechtsordnung gegen Eingriffe von außen abschirmt. Übergangsverwaltungen verstoßen notwendig gegen die Souveränität des Landes, in dem sie agieren, und müssen sich fragen lassen, wer oder was sie dazu berechtigt.

Deshalb soll »Souveränität« hier verstanden werden als der Anspruch eines Staates, auf eigenem Gebiet und mit Wirkung für die eigenen Bürger legislative, exekutive und judikative Macht allein auszuüben.

Wichtig ist vor allem, dass es sich bei der Souveränität um ein rechtliches, nicht um ein tatsächliches Verhältnis zwischen einem (staatlichen) Souverän und seinem Staatsgebiet handelt. Zur Veranschaulichung kann man die Souveränität mit dem zivilrechtlichen Eigentum vergleichen: »Eigentum« ist das Recht, mit einer Sache nach grundsätzlich freiem Ermessen zu verfahren.

Der (rechtlich wirkenden) Souveränität steht dann die (tatsächliche) **Staatsgewalt** gegenüber, welche in der Ausübung von hoheitlicher Macht durch die Organe des betreffenden Staates besteht. Der Begriff »Staatsgewalt« umfasst demnach alle rechtsverbindlichen Entscheidungen der öffentlichen Gewalt.

Staatsgewalt wird durch die Gebietshoheit und die Personalhoheit konstituiert. Gebietshoheit ist Herrschaft, die ein Staat auf einem bestimmten Territorium ausübt – normalerweise auf seinem eigenen, ausnahmsweise aber auch auf fremdem Gebiet. Als Personalhoheit bezeichnet man demgegenüber die tatsächliche Herrschaft über eine Personengruppe, nämlich über das Staatsvolk.

Die Ausübung von Staatsgewalt kann rechtmäßig oder rechtswidrig sein. Dies zeigt sich besonders in Bezug auf die Gebietshoheit: Rechtmäßig ist diese im Regelfall dann, wenn der betreffende Staat auf eigenem Gebiet operiert, also auch die unbeschränkte Souveränität innehat, oder wenn er auf fremdem Gebiet mit Ermächtigung des Souveränitätsinhabers tätig wird. Hier lässt sich eine Analogie zum zivilrechtlichen »Besitz« bilden, der ebenfalls eine tatsächliche Herrschaftsbeziehung beschreibt. Besitz ausüben kann der Eigentümer einer Sache – oder eine andere Person. Je nach Rechtslage kann der Besitz rechtmäßig oder rechtswidrig sein, was vom Verhältnis des Besitzers zum Eigentümer abhängt.

Daraus ergibt sich, dass Souveränität und Staatsgewalt genau wie Eigentum und Besitz auseinanderfallen können. Ein Beispiel dafür ist die militärische Besatzung: Der besetzende Staat übt (eingeschränkte) Gebietshoheit aus, erwirbt aber nicht die territoriale Souveränität über das besetzte Gebiet.

Grundsätzlich steht die Staatsgewalt dem Souverän zu, also jenem Staat, dem das betreffende Staatsgebiet und Staatsvolk als eigene zugeordnet sind. Auf dem Hoheitsgebiet eines fremden Staates dürfen ohne dessen Zustimmung keine Hoheitsakte gesetzt werden. In bestimmten Fällen aber nehmen Staaten oder Staatengruppen hoheitliche Handlungen vor, die auf fremdem Staatsgebiet für die dortigen Bewohner wirken. Eine solche Konstellation verkörpert die legislativ tätige Übergangsverwaltung.

Ebenfalls uneinheitlich wird der Terminus **»Hoheitsrechte«** definiert. Einerseits heißt es, der Begriff sei gleichbedeutend mit der »Ausübung öffentlicher Gewalt«, was ihn zu einem Synonym für »Staatsgewalt« machen würde. Hierbei werden jedoch wiederum Rechte und ihre Ausübung begrifflich miteinander vermischt. Sinnvoll kann nur eine Definition sein, die Trennschärfe gewährleistet. Deshalb wird hier einer Auffassung gefolgt, die Hoheitsrechte als die Befugnis begreift, Rechtsverhältnisse im Über- und Unterordnungsverhältnis zwischen öffentlicher Gewalt und Privatpersonen einseitig und rechtsverbindlich zu gestalten. Damit sind Hoheitsrechte die legislativen, exekutiven und judikativen Befugnisse eines Staates, also zum Beispiel die Kompetenz, ein Strafgesetzbuch zu erlassen und gegenüber den Bürgern zu vollziehen. »Hoheitsgewalt« ist dann die von Hoheitsrechten getragene Staatsgewalt.

Nach dem hier verwendeten Begriffssystem bildet folglich die Summe der Hoheitsrechte den Kern der Souveränität eines Staates.

Uneingeschränkt souverän ist ein Staat, der die Hoheitsgewalt besitzt, also seine Hoheitsrechte allein und ohne Störung von außen ausüben kann.

Nicht diskutiert wird hier die Frage, inwiefern ein absoluter Souveränitätsbegriff in einem System vernetzter internationaler Beziehungen und globalisierter Ökonomie noch sinnvoll sein kann. Im juristischen Sinn beschreibt »Souveränität« keine politische Wirklichkeit, sondern wird als ein rechtlicher Aspekt von Staatlichkeit verstanden.

Übergangsverwaltung und Souveränität

Indem die Übergangsverwaltung Hoheitsrechte auf fremdem Territorium ausübt, greift sie massiv in die Souveränität des betroffenen Staates ein. Es kommt dabei jedoch nicht zu einem Übergang oder Untergang von Souveränität.

Wenn der Special Representative im Kosovo durch sein erstes Übergangsgesetz festlegt, dass *»all legislative and executive authority with respect to Kosovo [...] is vested in UNMIK«*, dann rekurriert er auf die Tatsache, dass sich die Übergangsverwaltung anschickt, große Teile der Staatsgewalt auf dem betroffenen Gebiet zu übernehmen.

Ähnliches drückt sich im Falle Bosniens in den *Bonn Conclusions* aus, nach denen der Hohe Repräsentant *»binding decisions«* trifft. Im Kosovo reicht die Ausübung von Hoheitsrechten durch die Übergangsverwaltung so weit, dass in der Literatur diskutiert wird, inwieweit damit ein Souveränitätsverlust des Mutterlands Serbien verbunden ist. Gemeint ist hier die Frage nach einem Souveränitätsverlust durch Errichtung der Übergangsverwaltung, nicht durch die Unabhängigkeitserklärung des Kosovo.

Die Umstände liefern durchaus Indizien für einen Souveränitätsverlust. Bald 13 Jahre lang steht das Kosovo unter militärischer und ziviler Fremdverwaltung. Serbien, das als Rechtsnachfolger Jugoslawiens (bis zur Unabhängigkeitserklärung des Kosovo) Träger der Souveränität war bzw. ist, kann auf diesem Gebiet seinem Recht zur inneren Selbstorganisation nicht nachkommen, da die Verwaltung vollständig in den Händen von UNMIK liegt. Hoheitsakte mit Wirkung für das Gebiet und die Bevölkerung des Kosovo kommen nicht aus Belgrad, sondern aus Priština. Auch die äußeren Angelegenheiten des Kosovo werden von UNMIK kontrolliert. Einige Beobachter stellen deswegen die Diagnose, es habe eine »Okkupation« der Provinz stattgefunden, wobei der Souveränitätsverlust nur noch durch die Abspaltung des Kosovo übertroffen werden konnte.

Wie oben dargestellt, darf jedoch ein Rechtsanspruch nicht mit der Ausübung des jeweiligen Rechts verwechselt werden. Ganz offensichtlich übte Serbien auch schon vor der Unabhängigkeitserklärung keine Staatsgewalt auf kosovarischem Territorium aus. Dies führte aber keineswegs zu einem Untergang oder Übergang von Souveränität. Jugoslawien bzw. Serbien wollte seine Souveränität über das Kosovo nicht aufgeben, als es der Errichtung der Übergangsverwaltung zustimmte; im Gegenteil wurde und wird der Anspruch auf das Kosovo als die »Wiege der serbischen Kultur« immer wieder betont. Verschiedentlich monierte die Regierung in Belgrad, dass UNMIK ihr rechtmäßiges Mandat überschreite, worin sich ebenfalls die Haltung ausdrückt, Souveränitätseingriffe nur innerhalb eines bestimmten Rahmens dulden zu wollen. Auch die Resolution 1244 (1999), auf deren Grundlage UNMIK errichtet wurde, erkennt die serbische Souveränität über das Kosovo ausdrücklich an.

Die Etablierung einer Übergangsverwaltung könnte in einem solchen Fall nur dann zum unfreiwilligen Souveränitätsverlust führen, wenn eine Wiederherstellung der serbischen Hoheitsgewalt über das Kosovo von Anfang an als absolut ausgeschlossen erschienen wäre. Dies kann jedoch nicht angenommen werden, da der Statusprozess durchaus auch in eine Entscheidung für den Verbleib des Kosovo bei Serbien hätte münden können. Die Tatsache, dass überhaupt Verhandlungen mit Belgrad über den Status des Kosovo geführt wurden, beweist, dass die internationale Gemeinschaft bzw. die Vereinten Nationen vom legitimen Fortbestehen der serbischen Souveränität ausgingen. Schlussendlich drückt sich auch in den massiv ablehnenden Reaktionen auf die einseitige Unabhängigkeitserklärung das konsequente Festhalten Serbiens an seinem Herrschaftsanspruch aus. Diese Haltung wird von vielen Staaten unterstützt. Bislang haben nur 91 Staaten das Kosovo als unabhängig anerkannt.

Es ist deshalb davon auszugehen, dass Serbiens Souveränität über das Kosovo durch die Errichtung der Übergangsverwaltung in hohem Maße beschränkt, nicht jedoch aufgehoben wurde.

Dasselbe Ergebnis muss für Bosnien gelten. Dort übt der Hohe Repräsentant ein geringeres Maß an Hoheitsgewalt aus. Hinzu kommt, dass Bosnien kein Teilgebiet, sondern ein Staat mit eigenen Regierungsinstitutionen ist. Auch wenn die durch das Dayton-Abkommen gestützte letztverbindliche Autorität des Hohen Repräsentanten und das schlechte Funktionieren der lokalen Institutionen die Ausübung von Staatsgewalt erheblich beeinträchtigen, führt dies nur zu der Diagnose, dass Staatsgewalt und Souveränität zu einem gewissen Maß in verschiedenen Händen liegen. Die Übergangsverwaltung übt Staatsgewalt aus, das Land Bosnien bleibt trotzdem der Souverän.

Entscheidendes Argument für dieses Ergebnis ist, dass das Wesen von Übergangsverwaltungen naturgemäß temporär ist. Eine Übergangsverwaltung will sich das betroffene Gebiet nicht dauerhaft einverleiben, sondern es für einen gewissen Zeitraum verwalten. Die Respektierung fortbestehender lokaler Souveränität ist eine Voraussetzung dafür, die Mission eines Tages beenden zu können. Wenn es vor Ort keinen Souverän mehr gäbe, wäre auch niemand vorhanden, dem Hoheitsrechte sukzessiv zurückübertragen werden könnten.

Verwaltungszession, Besatzung, Protektorat oder Treuhand?

Konstellationen des Auseinanderfallens von Souveränität und Staatsgewalt werden in der Rechtslehre unter den Bezeichnungen Verwaltungszession, Besatzung, Protektorat und Treuhandverwaltung beschrieben. Um die Übergangsverwaltung systematisch zu fassen, wird sie in der Literatur verschiedentlich diesen bekannten Fällen von internationalen Souveränitätsbeschränkungen zugeordnet. Eine genaue Betrachtung zeigt aber, dass keine dieser Kategorien auf die Übergangsverwaltung passt.

Die Situation im Kosovo interpretieren einige Beobachter als **»Verwaltungszession«**. Verwaltungszession bedeutet, dass ein Staat einem anderen oder einer internationalen Organisation die Regierung eines Gebiets für eine gewisse Zeit überlässt, ohne dadurch seine territoriale Souveränität zu verlieren. Beispiele sind die Besetzung Bosnien-Herzegowinas durch Österreich-Ungarn im Jahr 1878 und die Herrschaft der USA über den Panamakanal.

Auf den ersten Blick scheint diese Figur auf das Kosovo zu passen: Jugoslawien bzw. Serbien hat die Regierung seiner Provinz für einen gewissen Zeitraum einer internationalen Organisation überlassen. Die Definition versagt aber bereits, wenn es, wie beim OHR und Bosnien, nicht um ein Teilgebiet, sondern um die temporäre Verwaltung eines ganzen Staates geht. Auch wird in Bezug auf die Verwaltungszession immer nur über die Abtretung von Gebietshoheit gesprochen, während Übergangsverwaltungen auch Personalhoheit ausüben. Die Figur der Verwaltungszession ist folglich nur geeignet, einen Teilaspekt der modernen Übergangsverwaltung zu beschreiben: Die Errichtung einer Übergangsverwaltung kann jedoch, wie im Kosovo, auf Grundlage einer Verwaltungszession stattfinden.

Auch bei der kriegerischen **Besatzung** kommt es zu einem Auseinanderfallen von Souveränität und Staatsgewalt, wenn ein Gebiet unter die Herrschaft eines fremden Staates gerät. Obwohl Übergangsverwaltungen von Schutztruppen begleitet werden, die das zu verwaltende Territorium militärisch kontrollieren, liegt jedoch kein Fall von kriegerischer Besatzung vor. Eine Besatzungsmacht übt De-facto-Gewalt aus, also tatsächliche Gewalt, die nicht durch eine rechtliche Beziehung getragen wird. Es besteht mithin keine Gehorsamspflicht der Bevölkerung des besetzten Gebiets – ein solcher Gehorsam kann nur faktisch erzwungen, nicht rechtlich durchgesetzt werden. Zwar ist die Besatzungsmacht nach Kriegsrecht gehalten, für die Wohlfahrt der Einwohner des besetzten Gebiets zu sorgen, wodurch es zu hoheitlichem Handeln in Bereichen wie Sicherheit, Gesundheit, Hygiene, Infrastruktur, Steuern und Finanzen kommen kann. Weiterhin wird die Besatzungsmacht unter Umständen zur Gewährleistung ihrer eigenen Sicherheit und Versorgung hoheitlich tätig. In diesem Rahmen ist die Besatzungsmacht auch zum Erlass von Legislativakten befugt. Grundsätzlich ist die Rechtsordnung des besetzten Gebiets aber intakt zu lassen.

Eine Übergangsverwaltung hingegen übt nicht De-facto-Gewalt, sondern temporär die Hoheitsrechte des betroffenen Staates aus, weshalb die Einwohner vollumfänglich der fremden Hoheitsgewalt unterliegen. Zum Zweck des Institutionenaufbaus dient sie gerade auch einer Revision der lokalen Rechtsordnung. In speziellen Fällen mag die Besatzung auch zivile Verwaltungseinrichtungen schaffen (wie im von den Koalitionstruppen besetzten Irak, wo die Coalition Provisional Authority ab dem 21. April 2003 bis zu ihrer Ablösung durch die Irakische Übergangsregierung am 28. Juni 2004 volle Verwaltungshoheit ausübte) oder im Lauf der Zeit den Charakter einer Übergangsverwaltung annehmen. Letzteres trifft auf die alliierte Besatzung in Deutschland nach dem Zweiten Weltkrieg zu, die in einem wirtschaftlich, politisch und infrastrukturell zusammengebrochenen Staat auch dem Ziel des Wiederaufbaus und der Einführung einer funktionierenden Demokratie diente. In Deutschland handelte es sich um eine hybride Form der Ausübung von Hoheitsgewalt, die dem Modell der Übergangsverwaltung nahekommt.

Dies führt aber nicht dazu, dass die zivile Übergangsverwaltung generell der militärischen Besatzung gleichzusetzen wäre. Der Errichtung einer Übergangsverwaltung geht nämlich kein militärischer Sieg im klassischen Sinn voraus, da die UNO nicht als Kombattant zu betrachten ist.

Nicht selten werden Übergangsverwaltungen als internationale **Protektorate** bezeichnet. Dies entspringt jedoch einer unsauberen Verwendung des Begriffs, da die Merkmale eines Protektorats bei der Übergangsverwaltung gar nicht vorliegen.

Ein Protektorat ist eine Rechtsbeziehung, die einen Staat unter den Schutz eines oder mehrerer anderer Staaten stellt, wobei die außenpolitische Handlungsfähigkeit aufgehoben oder beschränkt wird, während die inneren Angelegenheiten größtenteils in der Hand des betreffenden Staates verbleiben.

Im Gegensatz dazu geht es bei der Übergangsverwaltung nicht vordergründig um eine Kontrolle der Außenbeziehungen, sondern gerade darum, die inneren Angelegenheiten zu verwalten. Die Selbstverwaltung wird nicht »erhalten«, sondern soll durch die Tätigkeit der Übergangsverwaltung gerade erst hergestellt werden.

Vor allem aber stellt die Übergangsverwaltung kein bilaterales Verhältnis zwischen verwaltetem und verwaltendem Staat dar. Sowohl im Falle des Kosovo als auch in Bosnien handeln die internationalen Behörden im Auftrag und Interesse der internationalen Gemeinschaft. Zugunsten einer klaren Trennung verschiedener völkerrechtlicher Phänomene empfiehlt es sich deshalb, die Übergangsverwaltung nicht unter den Begriff des »Protektorats« oder »internationalen Protektorats« zu subsumieren.

Von allen bislang diskutierten Modellen weist die **Treuhandverwaltung** die größte Ähnlichkeit mit der Übergangsverwaltung auf. Es wird deshalb verschiedentlich vorgeschlagen, die Vorschriften über das Treuhandsystem der Vereinten Nationen in Kapitel XII und XIII der UN-Charta auf Übergangsverwaltungen anzuwenden. Gegen eine Gleichsetzung der beiden Verwaltungssysteme sprechen jedoch gewichtige Argumente.

Zunächst ist festzustellen, dass schon die vom Völkerbund errichteten Mandatsverwaltungen, die sich auf ehemalige Kolonien oder abhängige Gebiete des deutschen und des türkischen Reichs bezogen, tatsächlich einige Kriterien aufwiesen, die auch auf Übergangsverwaltungen zutreffen. Es handelte sich um temporäre Verwaltungen, die im Namen der internationalen Gemeinschaft und im Interesse der betroffenen Bevölkerung errichtet wurden und die zur Erfüllung ihrer Aufgaben die gesamte exekutive, legislative und judikative Gewalt innehatten. Das Ziel solcher transitorischen Verwaltungen bestand darin, die Bevölkerung auf Selbstverwaltung und Unabhängigkeit vorzubereiten.

Nach dem Zweiten Weltkrieg wurde das Mandatssystem des Völkerbunds vom UN-Treuhandsystem abgelöst. Letzteres übernahm zum einen die Verantwortung für die ehemaligen Mandatsgebiete und bezog sich zum anderen auf Territorien, die während des Zweiten Weltkriegs von Feindstaaten abgetrennt wurden, sowie auf Gebiete, die der verantwortliche Staat freiwillig dem System unterstellte.

Gemeinsam haben Übergangsverwaltung und Treuhandverwaltung ihren temporären und transitorischen Charakter sowie die Übertragung der Staatsgewalt vom eigentlichen Souverän auf eine fremde Verwaltungsmacht. Auch die Zielvorstellung beider Systeme ist vergleichbar. Nach Artikel 76 der UN-Charta dient die Treuhandverwaltung einerseits dazu, »den Weltfrieden und die internationale Sicherheit zu festigen«, und soll andererseits »den politischen, wirtschaftlichen, sozialen und erzieherischen Fortschritt der Einwohner der Treuhandgebiete und ihre fortschreitende Entwicklung zur Selbstregierung oder Unabhängigkeit so [...] fördern, wie es den besonderen Verhältnissen eines jeden dieser Hoheitsgebiete und seiner Bevölkerung sowie deren frei geäußerten Wünschen entspricht [...]«. Auch bei der Errichtung einer Übergangsverwaltung geht es um die Herstellung der Selbstverwaltungsfähigkeit eines Gebiets oder Landes im Interesse der internationalen Sicherheit.

An dieser Stelle enden jedoch die Gemeinsamkeiten. Schon die Ausgangslage ist nicht vergleichbar. Das Treuhandsystem ist historisch mit dem Dekolonialisierungsprozess verbunden, in dessen Verlauf ehemalige Kolonialgebiete ohne Völkerrechtspersönlichkeit erstmalig einen internationalen Status erlangten, der sie auf die Aufnahme in die internationale Gemeinschaft vorbereiten sollte. Die Übergangsverwaltung hingegen beschäftigt sich mit Staaten oder Gebieten, die ursprünglich durchaus Völkerrechtspersönlichkeit bzw. die

Fähigkeit zur Selbstregierung besaßen, diese aber auf Grund einer Kriegs- oder Krisensituation verloren haben. Deshalb würde eine Gleichsetzung solcher *failed states* mit den ehemaligen Kolonien in politischer Hinsicht gewiss auf wenig Gegenliebe stoßen. Die Ausgangsidee des Treuhandsystems steht im Widerspruch zu aktuellen Konfliktlagen.

Passend hierzu schließt Artikel 78 der UN-Charta zum Schutz der staatlichen Souveränität eine Anwendung des Treuhandsystems auf Mitglieder der Vereinten Nationen aus, was im Falle Bosniens und des Kosovo, aber auch in vielen anderen Fällen zu rechtlichen Problemen führen würde.

Vor allem aber sah schon das Mandatssystem des Völkerbunds vor, dass die Treuhandverwaltung nicht von internationalen Institutionen, sondern von einem mandatierten Staat übernommen wird. Diese Regelung ergibt sich aus der historischen Situation. Es hatten ohnehin einzelne Staaten als Kolonialmächte die betroffenen Gebiete kontrolliert, so dass es nahelag, die Kolonialbeziehung zum Zweck der Dekolonialisierung in einer Treuhandbeziehung fortzusetzen. Artikel 81 der UN-Charta sieht zwar auch eine Form der Direktverwaltung durch die Vereinten Nationen vor; diese wurde jedoch niemals durchgeführt.

Hierin liegt ein weiterer substanzieller Unterschied zur modernen Übergangsverwaltung: Letztere gründet nicht auf einer Beziehung zwischen einem verwalteten Gebiet und einem bestimmten Verwalterstaat. Im Gegenteil ist gerade ihr internationaler Charakter nach der hier entwickelten Definition konstituierend. Auch wenn einzelne Staaten wie die USA auf Grund ihrer militärischen und wirtschaftlichen Macht eine herausragende Rolle spielen mögen, manifestiert sich in der Übergangsverwaltung der Wille der internationalen Gemeinschaft. Das spricht stark gegen eine Subsumtion unter das eher bilateral ausgestaltete Treuhandsystem.

Ebenfalls dagegen spricht die Tatsache, dass das Treuhandsystem vor rund 18 Jahren suspendiert worden ist und somit praktisch nicht mehr existiert. Am 1. November 1994 hat der Treuhandrat seine Arbeit offiziell beendet, nachdem mit der Unabhängigkeit von Palau das letzte Gebiet aus dem Treuhandsystem entlassen worden war. Zwar gelten die einschlägigen Bestimmungen in der UN-Charta weiter; sie finden aber im postkolonialen Zeitalter keinen Anwendungsbereich mehr.

Ein weiteres, vor allem politisch geprägtes Argument richtet sich gegen eine Überbetonung des treuhänderischen Elements in Bezug auf moderne Übergangsverwaltungen. Gerade in der jüngeren deutschen Rechtsliteratur fällt auf, dass viele Autoren es als völlig unzweifelhaft hinnehmen, dass eine Übergangsverwaltung »im Interesse der Bevölkerung des betroffenen Gebiets«, also »treuhänderisch« tätig werde. Dabei spricht einiges dafür, dass internationales Handeln besonders dann, wenn es großen Aufwand und hohe Kosten verursacht, selten altruistisch geprägt ist. Eine politikwissenschaftliche Betrachtung könnte zu dem Ergebnis kommen, dass von und mit Übergangsverwaltungen (auch) geostrategische, machtpolitische und/oder wirtschaftliche Interessen verfolgt werden, die mit dem Nutzen der Einheimischen wenig zu tun haben. Völkerrechtlich steht fest, dass eine Übergangsverwaltung vor allem der Wahrung oder Wiederherstellung des Weltfriedens verpflichtet ist, was ein internationales, durch die UNO repräsentiertes Ziel darstellt.

Zudem bleibt unklar, was genau das Interesse der lokalen Bevölkerung denn ist und wie es festgestellt werden kann. Häufig wird ganz selbstverständlich davon ausgegangen, dass die Einführung von »Demokratie«, Achtung der Menschenrechte und des Selbstbestimmungsrechts der Völker automatisch dem Interesse der im betroffenen Gebiet lebenden Menschen entsprechen müsse. Das kann man so sehen; es sollte dann aber klargestellt werden, dass es sich um eine normative Betrachtung handelt, bei der das »Interesse der Bevölkerung« nicht ermittelt, sondern von den handelnden Akteuren bestimmt wird. Denn sowohl in Bosnien als auch im Kosovo betrachten Teile der Bevölkerung die Übergangsverwaltungen als »Besatzer« oder »Kolonialherren« und würden der These, dass sie zu ihrem Nutzen operieren, nicht zustimmen.

Wäre das »Interesse der Bevölkerung« tatsächlich ein zentrales Kriterium, könnte eine Übergangsverwaltung nur auf Grundlage einer Volksabstimmung errichtet und mandatiert werden. Die Frage nach dem »Interesse« ist deshalb eng mit der Frage nach der Legitimität von Übergangsverwaltungen verbunden. In der westlichen Hemisphäre verbreitete Anschauungen, die »Demokratie« automatisch mit »Legitimität« gleichsetzen und dabei gelegentlich eine nähere Betrachtung der konkreten Legitimation vergessen, sollten nicht in eine rechtliche Untersuchung der Merkmale von internationalen Verwaltungssystemen einfließen. Zugunsten möglichst weitreichender politischer Neutralität scheint es angemessen, auf eine pauschale Bejahung des »treuhänderischen« Elements und damit auf eine autoritative Festsetzung des »Interesses der betroffenen Bevölkerung« zu verzichten, da hierin die Überreste eines imperialen Gestus aufgehoben sein könnten.

Nach alledem empfiehlt es sich, nach anderen Modellen für eine rechtliche Einordnung der Übergangsverwaltung zu suchen.

Die Übergangsverwaltung als *peacekeeping*

Wenn man die Übergangsverwaltung vor dem Hintergrund ihrer Entwicklung im 20. Jahrhundert betrachtet, liegt es nahe, sie als eine fortgeschrittene Form des *peacekeeping* zu begreifen.

Ursprünglich bezeichnete *peacekeeping* bestimmte Techniken zum Umgang mit zwischenstaatlichen Konflikten. Die klassische *peacekeeping*-Mission dient einem einverständlichen Krisenmanagement, in dessen Rahmen die UNO von kriegführenden Parteien gebeten wird, Friedenstruppen, so genannte »Blauhelme«, zwischen den Fronten zu stationieren, um bei der Beendigung von Feindseligkeiten zu helfen. Die eigentliche Konfliktlösung bleibt dabei Aufgabe von Politikern und Diplomaten. Eine Einmischung der jeweiligen *peacekeeping*-Mission in innere Angelegenheiten ist nicht nur nicht üblich, sondern galt als unvereinbar mit der Aufgabe der Friedensstabilisierung. Ursprünglich handelte es sich also um rein militärische Einsätze.

Mit der zunehmenden Relevanz von Bürgerkriegen für die internationale Politik in der zweiten Hälfte des 20. Jahrhunderts änderten sich die Anforderungen an die Konfliktbeilegung. Die internationalen Missionen übernahmen zusätzlich zivile Funktionen, beispielsweise in den Bereichen von Polizeiarbeit, Justiz und Strafvollzug. Ab den späten 1980er Jahren entstand ein Trend zur immer breiteren Ausübung von staatlichen Hoheitsrechten in *failed* oder *failing states*.

Bei der Betrachtung von Friedensmissionen mit administrativem Charakter lassen sich drei Intensitätsstufen identifizieren. In der ersten Kategorie leistet die Mission Hilfestellung bei der Regierung des Landes, während die Staatshoheit beim verwalteten Staat verbleibt (unterstützende Funktion). Auf der zweiten Stufe stehen internationale Verwaltungen, die Teile der staatlichen Kompetenzen übernehmen (Mitverwaltung), während in der dritten Gruppe sämtliche hoheitliche Aufgaben von der Mission übernommen werden (Alleinverwaltung).

Eine Berücksichtigung des historischen Kontextes, also der sukzessiven Fortentwicklung des internationalen Krisenmanagements, spricht dafür, sämtliche Erscheinungsformen einem einheitlichen Konzept von *peacekeeping*-Operationen zu unterstellen. Um dabei den Übergang von rein militärischen Friedensmissionen zu solchen mit zivilen Aspekten zu markieren, wird in der Literatur der Begriff »*peacekeeping* der zweiten Generation« verwendet. Da die hier untersuchten Übergangsverwaltungen per definitionem hoheitliche Kompetenzen, insbesondere die Rechtsetzungsmacht auf einem bestimmten Territorium, übernehmen, wären sie nach diesem Ansatz als *peacekeeping*-Operationen der zweiten Generation auf den Stufen zwei und drei, also in Form von Mitverwaltung oder Alleinverwaltung, zu behandeln.

Dagegen wird vorgebracht, das Wesen der Übergangsverwaltung sei von jenem des *peacekeeping* klar unterschieden. Während *peacekeeping* darauf abziele, friedensverstärkende Strukturen innerhalb eines Staates aufzufinden und zu fördern, gehe es den Übergangsverwaltungen gerade erst um den Aufbau solcher Strukturen durch direkte Intervention in politische, soziale und ökonomische Prozesse.

Bei näherer Betrachtung erweist sich diese Argumentation als nicht stichhaltig. Die Differenzierung zwischen dem »Verstärken« und dem »Aufbau« von friedenswichtigen Strukturen wirkt praxisfern und daher wenig aussagekräftig, da es auch beim Aufbau von Institutionen darum geht, Strukturen des alten Systems zu erhalten und zu verstärken, soweit diese noch vorhanden sind und soweit sie zur Demokratisierung des betroffenen Gebietes beitragen können. So blieb z. B. das kosovarische Gerichtssystem weitgehend erhalten und wurde von UNMIK durch zusätzliche Organe ergänzt. Hieran zeigt sich, dass Übergangsverwaltungen keineswegs sämtliche Strukturen von null an aufbauen, sondern auf eine Veränderung und Fortentwicklung des bestehenden Gefüges angewiesen sind.

Als rechtliches Argument zur Verneinung des *peacekeeping*-Charakters von Übergangsverwaltungen kann die vage Unterscheidung zwischen dem »Verstärken« und dem »Aufbau« von demokratischen Institutionen also nicht dienen.

Die Vereinten Nationen selbst gehen davon aus, dass es sich bei den internationalen Fremdverwaltungen unter ihrer Kontrolle um *peacekeeping*-Operationen handelt. In der offiziellen Eigendarstellung auf der Internetseite der UNO wird von bislang insgesamt 68 *peacekeeping*-Operationen weltweit gesprochen, zu denen auch Übergangsverwaltungen wie UNTAC, UNOSOM II, UNTAET und UNMIK gezählt werden. Die Multidimensionalität des aktuellen *peacekeeping*-Konzepts wird deutlich betont. Im *Handbuch der Vereinten Nationen* zum multidimensionalen *peacekeeping* heißt es ausdrücklich, dass *peacekeeping*-Operationen es erforderlich machen können, ein Gebiet für einen Übergangszeitraum zu verwalten und dabei alle Funktionen auszuüben, die normalerweise zur Verantwortlichkeit der lokalen Regierung zählen.

Nachdem oben begründet wurde, dass ein Rückgriff auf das UN-Treuhandsystem zur Einordnung der Übergangsverwaltung ausgeschlossen ist, verbleiben der UNO außerhalb des *peacekeeping*-Systems keine weiteren Handlungsinstrumente, die nach Umfang und Befugnissen eine so weitgehende Übernahme von innerstaatlichen Funktionen ermöglichen würden. Besonders angesichts der historischen Entwicklung der Übergangsverwaltung aus dem klassischen *peacekeeping* erscheint es naheliegend, dem einheitlichen Konzept der Vereinten Nationen zu folgen und auf die Herausbildung einer Kategorie eigener Art zu verzichten. Im Folgenden wird die Errichtung von Übergangsverwaltungen deshalb als eine Form des *peacekeeping* der zweiten Generation behandelt.

Das OHR in Bosnien als *peacekeeping*-Institution

Für UNMIK im Kosovo ist eine Einordnung als *peacekeeping*-Operation der zweiten Generation unproblematisch möglich, da diese Mission unter der Ägide der UNO geführt und von dieser selbst wie erwähnt als Teil des *peacekeeping*-Konzepts behandelt wird.

Problematischer stellt sich der Fall des OHR in Bosnien dar. Hier wurde die Übergangsverwaltung zunächst nicht durch eine Sicherheitsratsresolution, sondern durch das Friedensabkommen von Dayton ins Leben gerufen. Der Hohe Repräsentant ist kein Special Representative der UNO, sondern ein Repräsentant der internationalen Gemeinschaft, genauer gesagt jener Staaten, die in den Friedensprozess in Bosnien-Herzegowina involviert waren und sind. Trotz dieser Besonderheiten, die in der Geschichte der Übergangsverwaltung einzigartig sind, scheint es geboten, die internationale Administration in Bosnien als Teil des *peacekeeping*-Systems zu behandeln. Auch der bosnische Verfassungsgerichtshof geht in mehreren Urteilen davon aus, dass der Hohe Repräsentant (auch) auf Grund von Sicherheitsratsresolutionen und damit (auch) für die UNO handele. Selbst der UN-Generalsekretär subsumiert die Mission in Bosnien in einem Positionspapier vom Januar 1995 ganz selbstverständlich unter das *peacekeeping*-Konzept.

Für die Subsumtion spricht vor allem, dass das OHR nicht isoliert, sondern als Teil einer von der UNO geführten Gesamtstrategie zur Bewältigung der Krisensituation in Bosnien betrachtet werden muss. Dies ist die logische Folge aus der Einstufung der Kriege in Bosnien als Bedrohung des Weltfriedens und der internationalen Sicherheit nach UN-Charta. Die UNO war von Anfang an in den Versuch der Konfliktbewältigung in Bosnien involviert. Im Februar 1992 entsandte sie die Schutztruppe UNPROFOR. An der Aushandlung des Dayton-Vertrags waren vier der fünf ständigen Mitglieder des Sicherheitsrats beteiligt.

Ein Bericht des UN-Generalsekretärs an den Sicherheitsrat, einen Tag vor Abschluss des Dayton-Abkommens, dokumentiert die enge Mitwirkung der UNO am Zustandekommen des Friedensvertrags sowie die Verantwortlichkeit der UNO für den Hohen Repräsentanten. Der Bericht hebt die Bedeutung des Sicherheitsrats für das Mandat des Hohen Repräsentanten hervor und empfiehlt ausdrücklich, dass die UNO dem OHR eigene Mitarbeiter mit Bosnienerfahrung zur Verfügung stellt. Nach Abschluss des Dayton-Vertrags bleibt die UNO zentraler Akteur in Bosnien. Ihr federführendes Engagement manifestiert sich in nicht weniger als 31 Sicherheitsratsresolutionen zur Lage in Bosnien. Darin werden die Beschlüsse des PIC ausdrücklich unterstützt und das Mandat des Hohen Repräsentanten immer wieder bestätigt. Für den Fall einer Verletzung des Dayton-Abkommens wird mit Sanktionen des Sicherheitsrats gedroht. Auch erklärt sich der Sicherheitsrat mit der Ernennung des jeweiligen Hohen Repräsentanten einverstanden und nimmt regelmäßig dessen Berichte entgegen.

Angesichts dieser Umstände scheint es weder erforderlich noch sinnvoll, für die Übergangsverwaltung in Bosnien eine eigene Kategorie zu errichten. Qualitativ unterscheidet sie sich nicht von ihren Vorgängerinnen und Nachfolgerinnen; im Gegenteil hat sie prägend für spätere UN-Missionen gewirkt. Gerade in die Errichtung von UNMIK sind, wie gezeigt, die Erfahrungen mit dem OHR in Bosnien eingeflossen.

Auch der Aufbau der Übergangsverwaltung in Bosnien mit einem »High Representative« an der Spitze, ihr Mandat und ihre Kompetenzen entsprechen, naturgemäß mit graduellen Abweichungen, dem sich entwickelnden System von Übergangsverwaltungen unter UN-Ägide. Da also keine gravierenden Abweichungen die Bildung einer eigenen Kategorie zwingend erfordern, ist auch das OHR als Teil des *peacekeeping*-Systems der zweiten Generation zu betrachten.

Die Übergangsverwaltung als Nebenorgan der UNO

In institutioneller Hinsicht handelt es sich bei Übergangsverwaltungen um Nebenorgane der Vereinten Nationen, und zwar um solche des Sicherheitsrats. Im Sonderfall des OHR stellt die Übergangsverwaltung ein Organ des PIC als Vertreter der internationalen Gemeinschaft sowie ein Quasi-Nebenorgan der Vereinten Nationen dar.

Ein Nebenorgan wird von einem Hauptorgan erschaffen, und zwar mit dem Zweck, das Hauptorgan zu unterstützen, indem es im jeweiligen Sachgebiet einen Teil oder alle Aufgaben des Hauptorgans übernimmt. Die UN-Charta sieht vor, dass »je nach Bedarf [...] in Übereinstimmung mit dieser Charta Nebenorgane eingesetzt werden [können]«, regelt jedoch nicht die Struktur dieser Nebenorgane. Diese ist mithin frei bestimmbar und richtet sich nach dem jeweiligen Zweck. Insbesondere bestimmt das Hauptorgan die Reichweite der Kompetenzen des Nebenorgans.

Schon die klassischen *peacekeeping*-Operationen der ersten Generation wurden in institutioneller Hinsicht weitgehend unstrittig als Nebenorgane der UNO behandelt. Diese Einschätzung gilt erst recht für Übergangsverwaltungen als *peacekeeping*-Missionen der zweiten Generation, zumal diese eine klarere Organisationsstruktur aufweisen als die früheren, vorwiegend militärisch geprägten Einsätze.

UNMIK ist nach dem oben Gesagten unproblematisch als ein Nebenorgan der Vereinten Nationen zu betrachten.

Schwieriger ist wiederum die Frage nach dem institutionellen Charakter der Übergangsverwaltung in Bosnien. Auch wenn oben begründet wurde, dass das OHR materiell der UN-Praxis des *peacekeeping* der zweiten Generation zuzuordnen ist, erschiene es zu weit hergeholt, hieraus auf eine direkte UN-Organeigenschaft schließen zu wollen. Die Übergangsverwaltung in Bosnien handelt zwar unter der Autorität des Sicherheitsrats, anders als UNMIK im Kosovo wurde sie aber nicht im direkten Auftrag des Sicherheitsrats errichtet. Es ist das »Steering Board« des PIC, das den Hohen Repräsentanten ernennt und von dem er seine politischen Leitlinien erhält. Die Mitglieder des PIC stellen dem OHR das Personal zur Verfügung. Auch wird die Mission nicht aus dem Budget der UNO, sondern vom PIC finanziert. Vor allem Letzteres spricht dagegen, die Übergangsverwaltung in Bosnien als direktes Nebenorgan der UNO zu betrachten.

Es liegt deshalb nahe, in der Übergangsverwaltung in Bosnien ein direktes Organ des PIC, damit ein Instrument der in den bosnischen Friedensprozess involvierten internationalen Gemeinschaft sowie ein Quasi-Nebenorgan der Vereinten Nationen zu sehen. Letzteres ergibt sich aus der dargestellten Integration in das UN-*peacekeeping*-System und wird dokumentiert durch die Berichte des PIC und des Hohen Repräsentanten an den Sicherheitsrat.

IV. Die Rechtsgrundlage der Übergangsverwaltung

In der Literatur ist heftig umstritten, auf welcher Rechtsgrundlage Übergangsverwaltungen operieren. Schon in Bezug auf *peacekeeping*-Operationen der ersten Generation war und ist strittig, auf welche Vorschriften der UN-Charta der Sicherheitsrat seine Maßnahmen stützt. Für das *peacekeeping* der zweiten Generation ist dieser Streit noch brisanter, da hier viel intensiver in die inneren Belange von Staaten eingegriffen wird. Auf welcher Rechtsgrundlage werden Übergangsverwaltungen also tätig? Und muss der betroffene Staat seine Zustimmung erteilen?

Zustimmung oder Zwang? – Der Meinungsstreit um die Rechtsgrundlage

Der Meinungsstreit um die Zulässigkeit von *peacekeeping*-Operationen der ersten Generation dreht sich hauptsächlich um die Auswahl der richtigen Ermächtigungsnorm aus der UN-

Charta. Die Entsendung von *peacekeeping*-Missionen ist in der Charta nicht geregelt. Das Problem mit der Rechtsgrundlage besteht vor allem darin, dass es sich bei der ersten Generation von *peacekeeping* vorwiegend um militärische Einsätze handelt (die Blauhelmtruppen sind bewaffnet, dürfen aber außer zur Selbstverteidigung keine Gewalt anwenden), welche der UNO nach Artikel 42 UN-Charta möglich sind. Artikel 42 UN-Charta gehört zu Kapitel VII, welches aus den Artikeln 39 bis 51 besteht und den Einsatz von »Maßnahmen bei der Bedrohung oder Bruch des Friedens und bei Angriffshandlungen« regelt (Originaltext des Kapitels VII im Anhang).

Eine *peacekeeping*-Operation der ersten Generation kann jedoch nach einhelliger Meinung nur mit dem Einverständnis der betroffenen Staaten zu Stande kommen und wird deshalb von vielen Autoren nicht als Zwangsmaßnahme betrachtet. Der Meinungsstreit befasst sich in erster Linie mit diesem (vermeintlichen) Widerspruch – Zwang und Zustimmung schließen sich (jedenfalls semantisch) gegenseitig aus.

Inzwischen hat der Streit an Bedeutung verloren, da wohl unproblematisch von einer gewohnheitsrechtlichen Verfestigung der klassischen *peacekeeping*-Operation ausgegangen werden kann. Der Zulässigkeit von Blauhelmeinsätzen liegt eine seit Jahrzehnten unwidersprochene Staatenpraxis zu Grunde.

Auf die Übergangsverwaltung ist dieser Streit nur begrenzt übertragbar, da sie mit ihren Vorgängerinnen nur noch wenig gemeinsam hat. So ist sie nicht militärisch, sondern rein zivil ausgerichtet, während militärische Aufgaben von gesonderten Friedenstruppen übernommen werden (SFOR/EUFOR in

Bosnien; KFOR im Kosovo). Auch dient die Übergangsverwaltung nicht der Beilegung von zwischenstaatlichen Konflikten, sondern der Konsolidierung von *failed* oder *failing states*, welche meist das Produkt innerstaatlicher Krisen (Bürgerkriegen oder bürgerkriegsähnlichen Zuständen) sind. Das souveränitätsbeschränkende Wirken der Übergangsverwaltung liegt also nicht im militärischen, sondern im administrativen Eingreifen in innere Angelegenheiten. Dieser Unterschied macht eine eigenständige Untersuchung der Rechtsgrundlage nötig.

Ausgangspunkt der Überlegungen ist Artikel 2 Absatz 7 UN-Charta, der die Souveränität der UNO-Mitgliedstaaten schützt, indem er Einmischungen in innere Angelegenheiten verbietet. Ausdrücklich ausgenommen von diesem Grundsatz sind Zwangsmaßnahmen nach Kapitel VII der UN-Charta. Zudem verstoßen darüber hinaus auch solche Souveränitätseingriffe nicht gegen Artikel 2 Absatz 7, bei denen das Einverständnis des betroffenen Staates vorliegt, da auch die freiwillige Beschränkung von Souveränität zur freien Ausübung von Souveränität gehört.

Dementsprechend beschäftigen sich die Autoren auch hier vorwiegend mit der Frage nach »Zwang oder Zustimmung«, untersuchen also, ob die Rechtsgrundlage für die Errichtung von Übergangsverwaltungen in Kapitel VII der UN-Charta oder aber in der Zustimmung des betroffenen Souveräns zu sehen ist.

Ähnlich wie bei den *peacekeeping*-Einsätzen der ersten Generation ist man sich weitgehend einig, dass die Errichtung von Übergangsverwaltungen »im Ergebnis« rechtmäßig sei, also irgendwie unter UN-Zuständigkeit falle. Paradoxerweise wird trotzdem um die Frage gestritten, ob nicht das Vorliegen einer Zustimmung den Zwangscharakter der Maßnahmen ausschlösse, wodurch dann die Zustimmung selbst als einzig mögliche Rechtsgrundlage verbliebe.

Hiergegen bringen die Befürworter der Anwendung von Kapitel VII vor, dass eine Zustimmung, selbst wenn sie vorliege, höchstens praktische, aber keine rechtliche Bedeutung besitze. Bei der Errichtung von Übergangsverwaltungen handele es sich um unilaterale Zwangsmaßnahmen, bei denen es auf das Einverständnis des betroffenen Staates nicht ankomme. Dies müsse sich schon aus dem Fernziel der Übergangsverwaltung ergeben: Sie diene der Wiederherstellung des Friedens, was auch ohne oder gegen den Willen des Souveräns durchsetzbar sein müsse. Überlegt wird auch, ob in Krisensituationen, wie sie typisch sind, wenn Übergangsverwaltungen eingesetzt werden, überhaupt von echter Zustimmung gesprochen werden könne. Im Falle des Kosovo sei der Bundesrepublik Jugoslawien der Abschluss eines Friedensabkommens (und dadurch auch das Einverständnis mit der Errichtung von UNMIK) vom Sicherheitsrat aufgezwungen worden. Jedenfalls sei Kapitel VII UN-Charta als einzige Rechtsgrundlage des *peacekeeping* der zweiten Generation zu betrachten.

Die Gegenmeinung geht davon aus, dass nur die Zustimmung des betroffenen Staates für die Errichtung einer Übergangsverwaltung konstitutiv sein könne. Wenn es sich bei der Übernahme staatlicher Autorität durch einen Außenstehenden nicht um Besatzung handele, müsse ein Abkommen zu Grunde liegen, während die entsprechende Sicherheitsresolution nach Kapitel VII nur der Formalisierung diene. Es wird auch vorgebracht, die Einordnung als *peacekeeping*-Operation mache eine Zustimmung erforderlich, da das Einverständnis der Betroffenen gerade ein Merkmal des *peacekeeping*-Konzeptes sei.

Die abgestufte Rechtsgrundlage

Im gesamten Streit wird die Tatsache vernachlässigt, dass es sich beim modernen *peacekeeping* in Gestalt von Übergangsverwaltungen tatsächlich um eine neue Generation von Konfliktlösungsstrategien handelt. Sowohl in der Ausgangslage (innerstaatliche Krise) als auch in Bezug auf die zum Einsatz gebrachten Mittel (Übernahme von Hoheitsgewalt) sind die Unterschiede zu früheren Missionen so gravierend, dass eine Diskussion entlang der Parameter »Zustimmung oder Zwang« an der Sache vorbeigeht.

Der Streit verliert seinen Fokus, wenn man sich vor Augen führt, dass ein so weitreichendes Tätigwerden der UNO allein auf Grund der Zustimmung des betroffenen Staates ohnehin nicht denkbar wäre. Die UNO ist kein freier Dienstleister im Bereich Demokratieaufbau. Eine internationale Organisation darf nur Handlungen vornehmen, zu denen sie von den Mitgliedstaaten ermächtigt wurde. Ihre Zuständigkeiten ergeben sich aus dem Gründungsvertrag. Überschreitet die Organisation ihre Kompetenzen, zieht das die Unwirksamkeit des jeweiligen Aktes nach sich. Auch bei einer Zustimmung der Betroffenen bedarf die Organisation deshalb für jedes nach außen gerichtete rechtsverbindliche Handeln einer Ermächtigung durch einen völkerrechtlichen Vertrag, d. h. durch ihre Satzung. Wenn nun eine Zustimmung als Ermächtigungsgrundlage ohnehin nicht ausreicht, ergibt die Gegenüberstellung »Zustimmung oder Zwangscharakter« keinen Sinn.

Innerhalb des UN-*peacekeeping*-Systems nimmt die Übergangsverwaltung mit ihren umfassenden hoheitlichen Kompetenzen eine Sonderstellung ein. Eine einzelne Ermächtigungsnorm würde der hohen Komplexität einer Übergangsverwaltung nicht gerecht; nur ein System abgestufter Rechtsgrundlagen deckt alle Aspekte ab. Deswegen müssen verschiedene Ebenen auseinandergehalten werden.

Wichtig ist vor allem die Trennung zwischen der Handlungskompetenz der UNO und dem Übergang von Hoheitsrechten. Eine Handlungskompetenz läge vor, wenn sich die UNO grundsätzlich mit dem Problem des *failed state* beschäftigen dürfte und dabei auch die Kompetenz besäße, als administrative Instanz aufzutreten. Getrennt davon muss die Frage nach den Hoheitsrechten behandelt werden: Auf welche Weise erhält die UNO das Recht, durch ihre Übergangsverwaltung Gesetze im betroffenen Staat zu erlassen? Warum sind die von Übergangsverwaltungen erlassenen Rechtsakte für den betroffenen Staat und seine Bürger verbindlich? Wie also kommt die Übergangsverwaltung zu der benötigten Hoheitsgewalt?

Bedrohung des Weltfriedens? – Artikel 39 UN-Charta

Damit die UNO aktiv werden darf und Kapitel VII UN-Charta angewendet werden kann, muss zunächst gemäß Artikel 39 eine Bedrohung oder ein Bruch des Weltfriedens feststellbar sein. Die Begriffe des »Friedensbruchs« oder der »Friedensbedrohung« sind in der UN-Charta nicht definiert; ihre Bedeutung wird durch die Auslegungspraxis des Sicherheitsrats bestimmt. Andernfalls würde sich der Wille der Mitgliedstaaten, dem Sicherheitsrat flexible Eingriffsmöglichkeiten in Krisensituationen zu verschaffen, nicht angemessen realisieren.

Ein Bruch des Friedens wurde bislang nur in vier Fällen festgestellt, und zwar immer in Bezug auf zwischenstaatliche Konflikte: Koreakrieg (1950), Falklandkrieg (1982), Iran-Irak-Krieg (1987), Irakkrieg (1990). Damit scheidet diese Variante für die vornehmlich auf innerstaatliche Krisen zugeschnittene Übergangsverwaltung aus.

Hingegen wurde eine Bedrohung des Friedens in vielen unterschiedlichen Fällen angenommen, zu denen auch und gerade Krisensituationen im Inneren und deren grausame Begleiterscheinungen wie ethnische Säuberungen oder gar Völkermord gehören. In seinem Positionspapier zum fünfzigsten Geburtstag der Vereinten Nationen bezeichnete der UN-Generalsekretär gerade den Zusammenbruch eines staatlichen Institutionengefüges und die daraus resultierende »Paralyse der Regierung« als Merkmale moderner Konflikte, welche die UNO zum Handeln berechtigen. Internationale Intervention müsse in solchen Fällen den Wiederaufbau einer leistungsfähigen Regierung einschließen.

Diese Betrachtungsweise ist zutreffend, denn auch ohne das Vorliegen von konkret identifizierbaren internationalen Effekten (z.B. grenzüberschreitenden Flüchtlingsströmen) ist offensichtlich, dass der Zusammenbruch eines Staatswesens in einer immer stärker vernetzten Welt auf mittlere und lange Sicht nicht ohne Auswirkung für die internationale Gemeinschaft bleiben kann. Die UNO könnte ihre Rolle bei der Sicherung des Weltfriedens nicht erfüllen, wenn sie in solchen Fällen nicht tätig werden dürfte.

Völkerrechtler diskutieren darüber hinaus, ob auch Menschenrechtsverletzungen wie Folter und Verschleppung oder die Unterdrückung von Minderheiten ohne (para-)militärische Gewalt unter Artikel 39 UN-Charta fallen könnten. Dies hätte jedoch eine grenzenlose und daher nicht wünschenswerte Ausweitung der Aufgaben des Sicherheitsrats zur Folge und stünde nicht im Einklang mit dem Auftrag einer Übergangsverwaltung, dem (Wieder-)Aufbau von demokratischen Institutionen in einem durch (Bürger-)Krieg zerrütteten Staatswesen zu dienen. Die bloße Verletzung von völkerrechtlichen Normen außerhalb bewaffneter Kampfhandlungen reicht für die Annahme einer Friedensbedrohung und somit für die Anwendung von Artikel 39 UN-Charta mit dem Ziel der Errichtung einer Übergangsverwaltung nicht aus.

Handlungskompetenzen aus Kapitel VII der UN-Charta

Es schließt sich die Frage an, ob Kapitel VII der UN-Charta die notwendigen Handlungskompetenzen zur Schaffung einer Übergangsverwaltung enthält, also die Ausübung von Hoheitsgewalt über ein Territorium durch UN-Organe erlaubt. Wie die UNO und ihre Übergangsverwaltungen zu der benötigten Hoheitsgewalt kommen, wird dann im Anschluss diskutiert.

Zunächst ist festzustellen, dass die (in der Regel vorliegende) Zustimmung des betroffenen Staates einer Anwendung von Kapitel VII der UN-Charta nicht im Weg steht. Dem Wortlaut des Artikels 41 der UN-Charta lässt sich nicht entnehmen, dass tatsächlich nur Maßnahmen *gegen* den Willen eines Staates von der Norm erfasst werden sollen. In der rechtswissenschaftlichen Systematik gilt nicht das alltagslogische Entweder-oder-Verhältnis zwischen Zustimmung und Zwang. Vielmehr ist ein so genannter »Erst-recht-Schluss« zu ziehen: Sämtliche Maßnahmen nach Kapitel VII, welche die UNO ohne Einverständnis der Betroffenen durchführen kann, müssen *erst recht* beim Vorliegen einer Zustimmung möglich sein.

Ohnehin kann ein so weitreichendes Tätigwerden der UNO wie die Errichtung einer Übergangsverwaltung nicht allein auf dem Einverständnis des betroffenen Staates basieren, da die UNO nicht zu beliebiger Aufgabenerfüllung in aller Welt angefordert werden kann, sondern sich bei ihrem Handeln auf ihre vertragsgemäßen Kompetenzen stützen muss. Weiterhin kann es für die UNO auch aus praktischen Gründen sinnvoll sein, trotz eines Einverständnisses auf Kapitel VII zurückzugreifen. In der chaotischen Situation bei Beendigung eines kriegerischen Konflikts und angesichts der komplexen Aufgaben von Übergangsverwaltungen wäre es im Einzelfall schwierig zu bestimmen, was die Zustimmung des Aufnahmestaates genau umfasst. Ein rein zustimmungsabhängiges Tätigwerden würde zu endlosen Streitereien um konkrete Maßnahmen führen, weil der betroffene Staat nach Belieben einwenden könnte, einem bestimmten Verhalten der UNO bzw. ihrer Übergangsverwaltung nicht zugestimmt zu haben. Zum Schutz der Ziele einer Übergangsverwaltung muss diese ihre Tätigkeit möglichst breit und ungestört von Kompetenzkonflikten ausführen können. Da große Missionen wie UNMIK oder das OHR erfahrungsgemäß auf viele Jahre angelegt sind und einen hohen personellen und finanziellen Aufwand erfordern, kann es nicht im Interesse der internationalen Gemeinschaft liegen, die Sicherheit und den Fortbestand eines solchen Projekts allein von der (im Zweifel widerruflichen) Zustimmung eines krisengebeutelten und deshalb unzuverlässigen Staates abhängig zu machen. Der Rückgriff auf Kapitel VII garantiert eine dauerhafte und umfassende Legitimation für das Handeln der Übergangsverwaltung, wie sie zur Erfüllung des Mandats unbedingt erforderlich ist.

Eine Anwendung von Kapitel VII ist also auch bei Einverständnis des Aufnahmestaates möglich und erforderlich. Die klassische Unterscheidung zwischen (einverständlichem) *peacekeeping* und Zwangsmaßnahme löst sich in der modernen Übergangsverwaltung auf.

Im Anschluss stellt sich die Frage, ob Kapitel VII eine Ermächtigung zur Ausübung von konkreten Verwaltungskompetenzen enthält. In den Artikeln 41 und 42 der UN-Charta ist festgehalten, welche Maßnahmen der Sicherheitsrat beschließen kann; ausdrückliche Befugnisse zur Ausübung von Verwaltungszuständigkeiten sind allerdings nicht dabei.

In der Vergangenheit wurden den Artikeln 41 und 42 der UN-Charta bereits mehrfach Verwaltungszuständigkeiten entnommen, z.B. bei der Einrichtung der Internationalen Strafgerichtshöfe für das ehemalige Jugoslawien und für Ruanda. Das Gründen einer Übergangsverwaltung gleicht diesen Fällen. Auch die Strafgerichtshöfe sind als Teil des Justizsystems Verwaltungsinstanzen und üben Hoheitsgewalt aus, indem sie Entscheidungen mit unmittelbarer Wirkung für Bürger der betroffenen Gebiete erlassen. Die verbindliche Festlegung von Rechten und Pflichten gehört also zu den nach Artikel 41 der UN-Charta erlaubten Aktivitäten.

Demnach ist die Errichtung einer Übergangsverwaltung eine nach den Artikeln 41 und 42 zulässige Handlungsform des Sicherheitsrats, die angewendet werden kann, wenn eine Friedensbedrohung im Sinne des Artikels 39 der UN-Charta vorliegt.

Konkret bedeutet das, dass Kapitel VII zur ganzen Palette hoheitlichen Handelns ermächtigt, von der Vergabe von Telefonnummern bis zum Erlass verfassungsähnlicher Rahmengesetze – vorausgesetzt, dass die notwendigen Hoheitsrechte vorliegen (dazu unten).

Gestützt wird dieses Ergebnis auch von der so genannten »*implied-powers*-Lehre«, einer völkerrechtlichen Auslegungsregel, nach der Kompetenzvorschriften in Verträgen auch jene Befugnisse beinhalten, die nicht ausdrücklich formuliert, aber für die Wahrnehmung von vertragsgemäßen Aufgaben notwendig sind.

Übertragung von Hoheitsrechten durch Zustimmung

Bislang wurde geprüft, ob die UNO mit Hilfe einer Übergangsverwaltung hoheitlich handeln darf – aber noch nicht, woher sie im konkreten Fall die notwendigen Hoheitsrechte bekommt. Zur rechtmäßigen Ausübung von Hoheitsrechten müssen diese der Übergangsverwaltung in irgendeiner Form verschafft werden. Da die Aufgabe der Übergangsverwaltung darin besteht, den betroffenen Staat wieder handlungsfähig zu machen, also seine Staatlichkeit wiederherzustellen, kann es nicht darum gehen, einem Souverän seine Hoheitsgewalt dauerhaft »wegzunehmen« oder gar sein Staatsgebiet zu annektieren.

Eine Übertragung von Hoheitsrechten auf die Vereinten Nationen kann nur durch den Souverän, also durch das betroffene Land selbst, geschehen. Der entsprechende Vorgang ist keine Seltenheit mehr. Inzwischen hat sich in den internationalen Beziehungen die Idee von der möglichen **»Supranationalität«** einer Organisation verfestigt. Supranationalität bedeutet, dass eine von mehreren Staaten gegründete internationale Organisation in bestimmten Bereichen »höher« steht als jeder einzelne Staat. Entscheidungen im Rahmen dieser Organisation werden dann von den beteiligten Staaten nicht mehr einstimmig getroffen. Vielmehr gibt es Gremien, die Beschlüsse auch ohne oder gegen den Willen eines Mitglieds (oder mehrerer Mitglieder) erlassen können. Wenn diesen Beschlüssen dann auch noch rechtsverbindliche Wirkung zukommt, der widerstrebende Staat sie also auch gegen seinen Willen für sich selbst und seine Bürger gelten lassen muss, wird von »Supranationalität« der Organisation gesprochen. Lapidar könnte man sagen, dass die Entstehung von Supranationalität den Verlust von Freiwilligkeit im Völkerrecht markiert.

Die bindende Wirkung von Rechtsakten einer supranationalen Organisation kommt durch die Verlagerung von Kompetenzen von der nationalen auf die höhere Ebene zu Stande, beinhaltet also einen Übergang von Hoheitsrechten auf die Organisation. Eine Aufgabe, die bislang allein den einzelnen Staaten zustand – zum Beispiel der Erlass von Gesetzen im Bereich »Wirtschaft« –, wird auf die Organisation übertragen, welche dann an Stelle ihrer Mitgliedstaaten und mit verbindlicher Wirkung für diese handeln kann. Noch anders gesagt: Durch einen Willensakt des jeweiligen Staates wird die dem Bürger gegenüberstehende Hoheitsmacht ausgetauscht. Die damit verbundene Übertragung von Kompetenzen bildet dann die Rechtsgrundlage für den Geltungsanspruch der auf überstaatlicher Ebene erlassenen Gesetze, für deren so genannte Durchgriffswirkung, also die direkte Wirkung im innerstaatlichen Rechtsraum. Wichtigstes Beispiel ist die Europäische Union, die unter bestimmten Bedingungen Rechtsakte mit direkter Wirkung für die EU-Bürger erlassen kann (dazu mehr ab S. 117).

Im üblichen Fall der Mitgliedschaft in einer supranationalen Organisation erfolgt die Übertragung von Hoheitsrechten durch den Beitritt zum Gründungsvertrag. Zur Herstellung der Durchgriffswirkung, also der unmittelbaren Anwendbarkeit auf individuelle Rechtsunterworfene, muss dann ein innerstaatlicher Akt hinzukommen, der den Rechtsraum für die aus fremder Rechtsquelle stammenden Normen öffnet.

Der Fall der Ausübung von Hoheitsmacht durch eine Übergangsverwaltung unter UN-Ägide ist etwas anders gelagert. Es kann nämlich nicht davon ausgegangen werden, dass die Mitgliedstaaten der UNO schon durch ihren Beitritt zur Organisation, also durch Unterzeichnung der UN-Charta, so weitgehende Hoheitsrechte auf die UNO übertragen wollten.

Ein Staat, der die UN-Charta unterzeichnet, erklärt sich zwar mit den Eingriffsrechten aus Kapitel VII einverstanden, also auch damit, dass der Sicherheitsrat bei Vorliegen einer Friedensbedrohung als innerstaatliche Verwaltungsbehörde agiert. Jedoch rechnet kein Mitgliedstaat damit, sich in Zukunft in einen *failed state* zu verwandeln, der unter internationale Verwaltung gestellt werden muss. Entsprechend wäre es praxisfern anzunehmen, sämtliche UN-Mitglieder hätten gewissermaßen eine vollumfänglich »ruhende« Hoheitsgewalt auf die Organisation übertragen, welche dann im Fall der Errichtung einer Übergangsverwaltung wachgerufen und ausgeübt würde.

An dieser Stelle kommt die Zustimmung des betroffenen Staates im konkreten Einzelfall ins Spiel: Indem sich der Staat mit der Errichtung einer Übergangsverwaltung einverstanden erklärt, überträgt er die dafür notwendigen Hoheitsrechte auf die UNO. Auf diese Weise wird die UNO, repräsentiert durch die Übergangsverwaltung, zu einem supranationalen Hoheitsträger, der Gesetze mit bindender Wirkung für die Bürger des jeweiligen Territoriums erlassen kann.

Es gibt noch weitere Argumente, die für die Notwendigkeit einer Zustimmung zusätzlich zur Anwendung von Kapitel VII UN-Charta sprechen. Die vorübergehende Wahrnehmung hoheitlicher Funktionen durch eine Übergangsverwaltung stellt nicht nur einen Eingriff in die Souveränität des betroffenen Staates dar. Ohne das Einvernehmen des Souveräns würde die Übergangsverwaltung auch das innere Selbstbestimmungsrecht verletzen, kraft dessen das jeweilige (Staats-)Volk frei und ohne Einmischung von außen über seine politischen, wirtschaftlichen und kulturellen Entwicklungen entscheiden kann. Eine größere Einmischung als durch die Tätigkeit einer Übergangsverwaltung ist kaum denkbar. Gegen den Willen der Betroffenen könnte diese nur unter Verletzung des Selbstbestimmungsrechts durchgeführt werden.

Zudem scheint zweifelhaft, ob die Arbeit einer Übergangsverwaltung gegen den Willen der Betroffenen überhaupt praktisch möglich wäre. Wenn man theoretisch davon ausgeht, dass nur eine Kompetenzübertragung im Einzelfall den Geltungsanspruch des Übergangsrechts begründen und den Übergangsgesetzen unmittelbare Wirkung verleihen kann, trägt man dadurch auch der Tatsache Rechnung, dass Erlass und Durchsetzung von Rechtsakten gegen den Widerstand der Betroffenen praktisch aussichtslos wären. Jede Rechtsordnung ist auf eine gewisse Akzeptanz durch die Rechtsunterworfenen angewiesen, wenn sie sich nicht in ein diktatorisches Unterdrückungssystem verwandeln will. Dem (rechtstheoretischen) Geltungsgrund des Übergangsrechts steht somit die (praktische) Kooperationsbereitschaft der Betroffenen gegenüber. Beides manifestiert sich im Einverständnis mit der Übertragung von Hoheitsrechten.

Nach alledem lässt sich festhalten, dass eine Zustimmung des betroffenen Staates neben der Anwendung von Kapitel VII der UN-Charta erforderlich ist. Die Charta ermächtigt die UNO zur Errichtung einer Übergangsverwaltung sowie zur Ausführung von Administrationstätigkeiten durch diese. Die dafür notwendigen Hoheitsrechte werden durch Zustimmung des betroffenen Staates übertragen.

Die Rechtsgrundlage der Übergangsverwaltungen in Bosnien und im Kosovo

Im Folgenden wird untersucht, inwieweit sich das OHR in Bosnien und UNMIK in Kosovo auf die erforderlichen Rechtsgrundlagen stützen können.

Bosnien

Am 25. September 1991 drückte der Sicherheitsrat in Resolution 713 (1991) mit Bezug auf die Republik Jugoslawien seine Besorgnis darüber aus, dass *»the continuation of this situation constitutes a threat to international peace and security«*. Nachdem Bosnien-Herzegowina ein halbes Jahr später als neues Mitglied der UNO beigetreten war, enthielt dann die Sicherheitsratsresolution 757 (1992) vom 30. Mai 1992 die förmliche Feststellung einer **Friedensbedrohung**.

In den folgenden Jahren bestätigte eine lange Reihe von Sicherheitsresolutionen diese Annahme. Auch bei und nach Abschluss des Dayton-Abkommens (und Errichtung der Übergangsverwaltung) gilt die Feststellung des Sicherheitsrats fort. Angesichts der verheerenden Auswirkungen des Bürgerkriegs im ehemaligen Jugoslawien besteht kein Zweifel daran, dass der Sicherheitsrat zutreffend vom Vorliegen einer Bedrohung des Weltfriedens im Sinne von Artikel 39 UN-Charta ausgegangen ist.

Entsprechend ist der Anwendungsbereich von **Kapitel VII UN-Charta** eröffnet. Die Sicherheitsratsresolutionen 757 (1992) vom 30. Mai 1992 und insbesondere 1031 (1995) vom 15. Dezember 1995, die sich direkt auf das Dayton-Abkommen bezieht, wurden vom Sicherheitsrat dementsprechend auf Kapitel VII gestützt. Bosnien war zu diesem Zeitpunkt auch ordentliches Mitglied der Vereinten Nationen; der Beitritt des neu entstandenen Staates erfolgte am 22. Mai 1992.

Damit stehen dem Sicherheitsrat die oben beschriebenen

Verwaltungskompetenzen zur Verfügung, die ihn dazu ermächtigen, sich des Institutionenaufbaus in einem *failed* oder *failing state* anzunehmen und zu diesem Zweck Hoheitsgewalt auf dem betreffenden Territorium auszuüben.

Die erforderliche **Zustimmung** zum Übergang von Hoheitsrechten auf die Übergangsverwaltung ergibt sich aus Annex X des Dayton-Vertrags in Verbindung mit den Regeln über die so genannte »nachfolgende Praxis bei Vertragsdurchführung«.

Zwar kann aus dem Wortlaut von Annex X nicht direkt auf den Willen zur Übertragung von Hoheitsrechten geschlossen werden. Wie oben dargestellt, heißt es dort nur, der Hohe Repräsentant sei *»the final authority [...] regarding interpretation of this Agreement [...]«*. Somit fehlt es an einer ausreichend klaren Formulierung des Willens der Vertragspartner; eine Ermächtigung des Hohen Repräsentanten zum Erlass rechtsverbindlicher Normen ist in Annex X nicht direkt enthalten.

Ebenso wenig kann von einer Zuständigkeitsübertragung vermittels Reinterpretation des eigenen Mandats durch den Hohen Repräsentanten ausgegangen werden. Die Übergangsverwaltung in Bosnien ist nicht Souveränitätsträger; dem Hohen Repräsentanten kommt also keine so genannte »Kompetenzkompetenz« zu. Anders als ein souveräner Staat, der seine eigenen Aufgaben z. B. durch eine Verfassungsänderung beschränken oder erweitern kann, ist die Übergangsverwaltung nur »abgeleiteter« Hoheitsträger. Sie kann nicht selbst bestimmen, wie viele Rechte ihr zustehen, sondern ist darauf angewiesen, die vom betroffenen Staat übertragene Hoheitsmacht auszuüben.

Auch die oben bereits erwähnten *Bonn Conclusions* eignen sich nicht als alleinige Grundlage für den Übergang von Hoheitsrechten, da es sich bei ihnen nicht um völkerrechtliche Willenserklärungen, sondern nur um das Abschlussdokument einer internationalen Konferenz handelt.

Damit bleibt Annex X des Dayton-Vertrags der einzig mögliche Anknüpfungspunkt. Der Wille zur Übertragung von Hoheitsrechten auf die Übergangsverwaltung ist zwar an keiner Stelle ausdrücklich formuliert, kann aber der nachfolgenden Praxis bei Vertragsdurchführung *(»subsequent practice«)* entnommen werden. Die Rechtsfigur der *subsequent practice* ist in Artikel 31 Absatz III b) der Wiener Vertragsrechtskonvention beschrieben und hält fest, dass eine Neubestimmung des Vertragsinhalts durch das tatsächliche Verhalten der beteiligten Staaten möglich ist. Die Berücksichtigung nachfolgender Vertragsdurchführung als Mittel zur Feststellung des Inhalts einer vertraglichen Bindung ist Ausdruck der Staatensouveränität. Bestehende Verträge werden nach dem freien Willen der Parteien gestaltet und ausgeführt; entsprechend können sich Erweiterungen, Beschränkungen oder sogar die Suspendierung eines Vertrags aus der *subsequent practice* ergeben.

In diesem Zusammenhang erhalten die *Bonn Conclusions*, die sich mangels Völkerrechtsqualität selbst nicht als Rechtsgrundlage eignen, sowie das gesamte Verhalten des PIC nach Abschluss des Dayton-Abkommens eine besondere Bedeutung. Der PIC ist als »Implementation Council« gerade das Hauptinstrument der Implementierung und somit im Falle Bosniens ein wichtiger Rahmen für die *subsequent practice.*

Am 16. Dezember 1997 hat die Übergangsverwaltung durch Erlass des ersten Übergangsgesetzes ihre Gesetzgebungstätigkeit aufgenommen. Dem ging eine zweijährige Staatenpraxis voraus, in deren Zuge das Mandat des Hohen Repräsentanten immer weiter konkretisiert wurde. So beschloss das »PIC Steering Board« auf Ministerebene im November 1996 eine Ausweitung der Übergangsperiode von einem auf drei Jahre. Der Hohe Repräsentant wurde zur Ausarbeitung von »Aktionsplänen« ermächtigt. Auch sollte er künftig nicht nur Empfehlungen an den Gesamtstaat und die Entitäten abgeben, sondern im Streitfall seine Interpretation des Dayton-Vertrags offiziell übermitteln und veröffentlichen. Das Treffen des »PIC Steering Board« im Mai 1997 ergab bereits ein Maßnahmenpaket, das die Kooperation mit der Übergangsverwaltung gewährleistete. So konnte der Hohe Repräsentant Visa-Restriktionen oder ökonomische Sanktionen als Reaktion auf obstruktives Verhalten erlassen. Weiterhin sollte er Radio- und Fernsehsendungen mit friedensfeindlichen Inhalten unterbinden. Ein halbes Jahr später kam es dann zur ersten Erwähnung einer echten Gesetzgebungskompetenz im Rahmen besagter *Bonn Conclusions*.

Diese Zusammenschau zeigt, dass das Dayton-Abkommen bei seiner Durchführung unter Mitarbeit der Vertragsstaaten, also auch des betroffenen Landes Bosnien, kontinuierlich in Richtung einer Übertragung von Hoheitsrechten fortgebildet wurde.

Somit enthält der Dayton-Vertrag in seiner durch *subsequent practice* ausgestalteten Form die Zustimmung zur Errichtung einer Übergangsverwaltung sowie ihre Ausstattung mit den notwendigen Hoheitsrechten. Gemeinsam mit Kapitel VII UN-Charta ist der Dayton-Vertrag als Rechtsgrundlage der Übergangsverwaltung anzusehen.

Kosovo

Auch im Kosovo lag eine **Friedensbedrohung** im Sinne des Artikels 39 UN-Charta vor, wie der Sicherheitsrat in Resolution 1244 (1999) feststellte. Die zunehmende Aggression serbischer Sicherheitskräfte gegen die kosovo-albanische Bevölkerung sowie vermehrte Guerilla-Attacken der UÇK in den Jahren 1998 und 1999 führten zu schweren humanitären Problemen mit grenzüberschreitenden Auswirkungen. Vor allem die enormen Flüchtlingsströme, aber auch das Übergreifen bewaffneter Kampfhandlungen auf Nachbarländer sorgte für eine Destabilisierung der Region. Eine Anwendung der Kapitel-VII-Maßnahmen war also möglich.

Problematisch ist an dieser Stelle, dass Rest-Jugoslawien zum entscheidenden Zeitpunkt, nämlich bei Erlass von Sicherheitsratsresolution 1244 (1999), kein ordentliches Mitglied der UNO war. Am 19. September 1992 hatte der Sicherheitsrat die Auflösung Jugoslawiens erklärt und festgestellt, dass es nicht zu einer automatischen Fortsetzung der Mitgliedschaft durch Nachfolgestaaten kommen könne. Am 27. Oktober 2000 beantragte Jugoslawien die Mitgliedschaft in der UNO, die ihr ab dem 1. November 2000 durch Resolution A/RES/55/12 von der Generalversammlung gewährt wurde.

In der Literatur wird darüber gestritten, ob die UN-Charta und vor allem Kapitel VII auch auf Nichtmitglieder Anwendung finden können. Dagegen spricht die *pacta-tertiis*-Regel, nach der, ähnlich wie im Zivilrecht, der Abschluss eines Vertrags zu Lasten Dritter nicht möglich ist. Eine Anwendung von Kapitel VII der UN-Charta auf ein Nichtmitglied ist aber dann möglich, wenn eine Zustimmung des Betroffenen vorliegt. Wenn ein Staat durch Beitritt zu einer Organisation seine Souveränität freiwillig beschränken kann, so muss dies erst recht möglich sein, indem er sich im Einzelfall der Autorität einer internationalen Organisation unterstellt. Der allgemeine Wille des ehemaligen Jugoslawien, dem UN-System anzugehören, zeigte sich zum einen darin, dass Jugoslawien selbst Anspruch auf Identität mit der untergegangenen Sozialistischen Föderativen Republik Jugoslawien erhob, was jedoch von der UNO abgelehnt wurde. Zum anderen beantragte die (neue) Bundesrepublik Jugoslawien im Jahr 2000 erneut die Mitgliedschaft in den Vereinten Nationen.

Eine **Zustimmung zum Übergang von Hoheitsrechten** auf die Übergangsverwaltung liegt im Falle Kosovos sogar ausdrücklich vor. Am 3. Juni 1999 unterzeichneten die Bundesrepublik Jugoslawien sowie die Republik Serbien das so genannte Chernomyrdin-Ahtisaari-Abkommen, welches einen Friedensplan zur Beilegung des Kosovo-Konfliktes enthält. Damit erklärten sich die Souveränitätsinhaber mit der Errichtung einer Übergangsverwaltung einverstanden und statteten sie auch mit den notwendigen Kompetenzen aus. Die wenige Tage später erlassene Sicherheitsratsresolution 1244 (1999) inkorporiert weite Teile des Chernomyrdin-Ahtisaari-Abkommens in ihren Wortlaut.

Somit können beide Übergangsverwaltungen für sich in Anspruch nehmen, auf der notwendigen abgestuften Rechtsgrundlage errichtet worden zu sein. Sowohl die Handlungskompetenzen aus der UN-Charta als auch die vom eigentlichen Souverän übertragenen Hoheitsrechte liegen vor.

V. Der Rechtscharakter des Übergangsrechts

Obwohl die internationale Gesetzgebung inzwischen auf eine recht lange Geschichte zurückblickt, fehlt es noch immer an einer umfassenden Systematik der auf diesem Weg entstehenden Rechtsnormen. Dabei ist die Frage nach dem Rechtscharakter einer Norm, also danach, zu welcher Art von Recht sie gehört, keineswegs nur von akademischem Interesse. Die Unterscheidung zwischen Völkerrecht und innerstaatlichem Recht spielt beispielsweise eine praktische Rolle für die Justiziabilität, d. h. für die Frage, ob und vor welchem Gericht eine Rechtsnorm überprüfbar ist.

Beim Übergangsrecht könnte es sich um Völkerrecht, um innerstaatliches Recht oder um eine zwischen den Kategorien stehende Rechtsform eigener Art handeln.

Völkerrecht wird verstanden als der Inbegriff jener Normen, die Rechte und Pflichten der Staaten untereinander und in Beziehung zu Gleichberechtigten (zum Beispiel internationalen Organisationen) regeln.

Innerstaatliches Recht hingegen regelt die Beziehungen der natürlichen und juristischen Personen innerhalb eines Staates.

Grob gesagt, gehören die Übergangsverwaltungen in den Kontext des Rechts der internationalen Organisationen, da sie unter Ägide der UNO und für die internationale Gemeinschaft tätig werden. Im Recht der internationalen Organisationen wird zwischen »Primärrecht« und »Sekundärrecht« unterschieden. **Primärrecht** wird von den Gründungsstaaten durch den Abschluss völkerrechtlicher Verträge erzeugt, richtet sich für gewöhnlich an die Organisation selbst und versetzt sie gegebenenfalls in die Lage, selbst rechtserzeugend zu wirken. Einfach gesagt: Primärrechtlicher Natur ist nur ein völkerrechtlicher Vertrag. **Sekundärrecht** hingegen ist Recht, das eine internationale Organisation erlässt. Es kann »intern« sein, wenn es die inneren Angelegenheiten der Organisation, zum Beispiel im Bereich der Personalverwaltung, betrifft, oder »extern«, wenn es sich an äußere Adressaten richtet.

Supranationales Recht ist eine Form des externen Sekundärrechts. Das Besondere an supranationalem Recht besteht darin, dass es nicht nur die Mitgliedstaaten und die Organisation, sondern direkt die Bürger jener Staaten bindet, die der supranationalen Organisation angehören.

Untersuchung des Rechtscharakters nach Kriterien

Um den Charakter einer Rechtsordnung zu bestimmen, lassen sich verschiedene Kriterien heranziehen: Regelungsgehalt, Adressaten, Erlassverfahren und Normerzeuger.

Ursprünglich bezog sich das Völkerrecht vor allem auf **Regelungsinhalte**, die zwischenstaatliche Beziehungen betreffen. Das innerstaatliche Recht hingegen beschäftigt sich weitgehend mit dem Verhältnis der Individuen untereinander sowie zum Staat und zu Sachen.

Wenn es einen zwingenden Zusammenhang zwischen Inhalt und Charakter einer Rechtsordnung gäbe, müsste das Übergangsrecht als innerstaatlich beschrieben werden, da es thematisch sämtliche Bereiche umfasst, die normalerweise vom innerstaatlichen Recht geregelt werden. Da es jedoch keine Inhalte gibt, die nur von einer bestimmten Rechtsordnung geregelt werden könnten, ist der Regelungsinhalt nicht als Kriterium geeignet, um über die Natur einer Rechtsordnung zu entscheiden.

Am Europarecht lässt sich beobachten, wie das Sekundärrecht einer internationalen Organisation zunehmend in Bereiche eingreift, die herkömmlich zum Regelungsgehalt innerstaatlicher Rechtsordnungen gehören – ohne dadurch automatisch zu innerstaatlichem Recht zu werden.

Völkerrecht richtet sich üblicherweise an Staaten und gleichberechtigte **Adressaten**, zum Beispiel an internationale Organisationen. Das innerstaatliche Recht hingegen bindet natürliche und juristische Personen, die der staatlichen Ordnung unterworfen sind, sowie den Staat selbst.

Das Übergangsrecht gleicht, genau wie in Bezug auf den Regelungsgehalt, auch hinsichtlich seines Adressatenkreises einer innerstaatlichen Rechtsordnung, da es sich zumindest in Teilen direkt an die Einwohner des betroffenen Gebiets wendet. Zudem gilt Übergangsrecht nur innerhalb *eines* Staates und nicht in sämtlichen Mitgliedstaaten einer internationalen Organisation.

Jedoch wird heutzutage auch Völkerrecht die Potenz zugesprochen, sich direkt an Individuen zu wenden. Bekanntestes Beispiel hierfür sind die Menschenrechte, die (teilweise) dem Einzelnen eine subjektive Rechtsposition verleihen können. Aus diesem Grund ergibt sich auch aus dem Adressatenkreis kein zwingendes Argument für den innerstaatlichen Charakter von Übergangsrecht.

Das **Verfahren des Normerlasses** ist der von den Adressaten anerkannte äußere Vorgang der Rechtserzeugung.

Im innerstaatlichen Bereich werden Gesetzgebungsverfahren durch die jeweilige Verfassung festgelegt. Im Völkerrecht haben sich Normerzeugungsverfahren herausgebildet, die als Rechtsquellen in Artikel 38 Absatz I des Statuts des Internationalen Gerichtshofs aufgezählt werden.

Der Erlass von Übergangsrecht richtet sich nicht nach der jeweiligen nationalen Verfassung. Das Erlassverfahren unterscheidet sich deutlich von jenem der innerstaatlichen Gesetzgebungstätigkeit. Sowohl in Bosnien als auch im Kosovo sehen die Verfassungsdokumente Parlamente als Gesetzgeber vor. Deren Verfahren sind kompliziert und detailliert geregelt, vom Initiativrecht über Mehrheitsverhältnisse und verschiedene Lesungen bis gegebenenfalls zum Zusammenwirken mit einer zweiten Kammer. Die Gesetzgebung der Übergangsverwaltung hingegen erfolgt nur durch den Beschluss einer einzelnen Person (des Hohen Repräsentanten in Bosnien bzw. des

Special Representative im Kosovo) und bedarf, abgesehen von der Veröffentlichung, keiner besonderen Verfahrensschritte.

Dementsprechend kann Übergangsrecht mit Blick auf das Verfahren nicht zum innerstaatlichen Recht gerechnet werden.

Aber auch eine Zuordnung zum Völkerrecht ist unter diesem Gesichtspunkt nicht einwandfrei möglich. Von den in Artikel 38 Absatz I des IGH-Statuts aufgelisteten Verfahren kommt keins in Frage: Übergangsrecht kann weder als völkerrechtlicher Vertrag noch als Gewohnheitsrecht oder als allgemeiner Rechtsgrundsatz betrachtet werden. Unter dem Gesichtspunkt des Erlassverfahrens sitzt das Übergangsrecht gewissermaßen zwischen den Stühlen.

Als **Normerzeuger** ist jene natürliche oder juristische Person anzusehen, die eine Rechtsvorschrift hervorbringt.

Im Völkerrecht sind dies alle Staaten sowie andere Völkerrechtssubjekte, insbesondere internationale Organisationen im Rahmen der ihnen im Gründungsvertrag verliehenen Kompetenzen. Letztere bringen Sekundärrecht hervor.

Innerstaatliche Rechtserzeuger hingegen sind die Staatsorgane, bestehend aus Einzelpersonen oder Gremien, deren Handeln dem Staat zugerechnet wird.

Für den Rechtscharakter einer Vorschrift ist die Qualifizierung ihres Erzeugers wesentlich. Grundsätzlich führt das Tätigwerden eines innerstaatlichen Organs zu innerstaatlichem Recht, während z.B. eine Besatzungsmacht Besatzungsrecht und eine internationale Organisation Organisationsrecht hervorbringt.

UNMIK im Kosovo ist ein Suborgan des Sicherheitsrats, welcher wiederum ein Organ der Vereinten Nationen ist. Die UNO ist somit als Normerzeuger des Übergangsrechts zu betrachten.

Auch in Bosnien steht die Verwaltungskompetenz des Sicherheitsrats aus Kapitel VII der UN-Charta hinter der Übergangsverwaltung und ihrer Legislativtätigkeit. Der Hohe Repräsentant wurde oben als Quasi-Nebenorgan des UN-Sicherheitsrats sowie als Organ des PIC eingestuft. Die Eigenschaft des Normerzeugers teilen sich somit der PIC, dem der Status einer institutionalisierten Konferenzfolge zukommt, und die Vereinten Nationen.

Übergangsrecht wird also von internationalen Organisationen bzw. von der internationalen Staatengemeinschaft erlassen. Folglich ist eine Kategorisierung als innerstaatliches Recht ausgeschlossen.

Nach diesen Überlegungen muss es sich bei den Übergangsgesetzen um internationales **Sekundärrecht** handeln. Damit ist jedoch noch nicht viel gesagt, da der Charakter des Sekundärrechts wiederum strittig ist. Der Streit dreht sich um die Frage, ob Sekundärrecht dem Völkerrecht zugehört oder eine eigene Rechtsordnung darstellt.

Der Grund für eine Einstufung als Völkerrecht wird darin gesehen, dass sich das Organisationsrecht von einem völkerrechtlichen Vertrag ableite, weshalb es gelegentlich als »partikuläres Völkerrecht« bezeichnet wird. Hiergegen wurde schon im Jahr 1926 eingewendet, dass das Organisationsrecht eine starke strukturelle Verwandtschaft zum innerstaatlichen

Recht besitze und deshalb nur im weiteren Sinn zum Völkerrecht gezählt werden könne. Es entstand der Begriff vom »Staatengemeinschaftsrecht«.

Die grundlegenden Unterschiede zwischen Völkerrecht und Sekundärrecht in Bezug auf Rechtsquelle, Adressaten und Inhalt führten schließlich zu der Auffassung, bei Sekundärrecht handele es sich um ein Recht eigener Art, das zwischen staatlichem und Völkerrecht stehe.

Das Übergangsrecht als supranationale Rechtsordnung

Die Zugehörigkeit des Sekundärrechts zum Völkerrecht wird insbesondere dann in Frage gestellt, wenn es sich um **supranationales Sekundärrecht** handelt. Supranationales Recht ist solches, das von supranationalen Organisationen gesetzt wird, sich also auf Hoheitsrechte stützt, die der Organisation von den Staaten übertragen wurden. Es bedarf nicht der Transformation, also einer Umwandlung in innerstaatliches Recht, um Gültigkeit innerhalb eines Staates zu erlangen. Seine Besonderheit liegt in seiner Durchgriffswirkung, nämlich in der unmittelbaren Anwendbarkeit für die Bürger im betroffenen Staatsgebiet.

Auch das Übergangsrecht besitzt trotz seiner Herkunft aus internationaler Quelle innerstaatliche Durchgriffswirkung und ist dementsprechend dem supranationalen Sekundärrecht zuzuordnen. Supranationales Recht wiederum stellt nach überwiegender Auffassung eine eigene, vom Völkerrecht und vom innerstaatlichen Recht verschiedene Ordnung eigener Art dar.

Diese lange Zeit umstrittene Auffassung hat sich in Bezug auf das Recht der Europäischen Gemeinschaften entwickelt und ist inzwischen von Rechtsprechung und weiten Teilen der Lehre in allen Mitgliedstaaten anerkannt. In Deutschland vertritt das Bundesverfassungsgericht seit 1967 den Standpunkt, die Übertragung von Hoheitsrechten auf die EG habe zur Entstehung einer selbständigen und unabhängigen öffentlichen Gewalt geführt, die eine eigene, vom Völkerrecht und vom innerstaatlichen Recht verschiedene Rechtsordnung hervorgebracht habe. Der Europäische Gerichtshof geht bereits seit 1964 von der Existenz einer autonomen, gemeinschaftsrechtlichen Ordnung aus.

Dies bringt uns zu einer zentralen Erkenntnis. Die beschriebenen Merkmale des Europäischen Gemeinschaftsrechts legen es nahe, auch das Übergangsrecht als supranationale Rechtsordnung zu betrachten. Es kommt auf Grund von Hoheitsrechten zu Stande, die einer internationalen Organisation übertragen wurden, und gilt ohne innerstaatliche Umsetzung für die Bürger des betroffenen Staates.

Trotzdem hat die Rechtslehre bislang den Schritt noch nicht vollzogen, Übergangsrecht als supranationales Recht zu behandeln. Möglicherweise liegt das an einer Besonderheit, die das Übergangsrecht auf den ersten Blick von supranationalen Rechtsordnungen wie z.B. dem Europarecht unterscheidet:

Übergangsrecht gilt nicht in sämtlichen Mitgliedstaaten einer Organisation, sondern nur in einem einzigen. Es fehlt also am zwischenstaatlichen Bezugsrahmen.

Doch auch supranationales Recht wie das der EU wirkt bei genauerer Untersuchung nicht im eigentlichen Sinne »zwischenstaatlich«.

Die Übertragung von Hoheitsrechten als Voraussetzung von Supranationalität geschieht streng genommen nicht zwischen den Mitgliedstaaten, sondern im bilateralen Verhältnis jedes einzelnen Staats zur Organisation. Die horizontale, zwischenstaatliche Wirkungsebene besteht hingegen »nur« in dem gegenseitigen Versprechen, dass alle Mitgliedstaaten Hoheitsrechte in gleichem Umfang abgeben, ihre Rechtsräume also in gleichem Maße für das supranationale Recht öffnen. Der zwischenstaatliche Aspekt ist reduziert auf die Tatsache, dass es in allen beteiligten Rechtsordnungen gleichermaßen Gültigkeit erlangt, um diese – gemäß dem Zweck der Organisation – zu harmonisieren.

Der Zweck des Übergangsrechts besteht nun aber nicht in einer Harmonisierung von mitgliedstaatlichen Rechtsordnungen, sondern gemäß der UN-Charta in der Wahrung des Weltfriedens durch Konsolidierung eines Krisengebiets. Dementsprechend ergibt sich aus der Natur der Sache, dass Übergangsrecht nur für jenes Gebiet erlassen wird, auf dem der bestimmungsgemäße Institutionenaufbau betrieben wird. Die fehlende Wirkung in anderen Staaten ergibt somit kein Argument für oder gegen einen bestimmten Rechtscharakter, sondern ist eine Folge von Zielsetzung und Arbeitsweise einer Übergangsverwaltung. Da Supranationalität direkt an die Übertragung von Hoheitsrechten und damit streng genommen nicht an die zwischenstaatliche Ebene, sondern an einen bilateralen Vorgang zwischen Staat und Organisation gekoppelt ist, kann das Fehlen von multilateraler »Zwischenstaatlichkeit« einer Einordnung als supranationales Recht nicht im Wege stehen.

Auch das Wirken des Internationalen Strafgerichtshofs für das ehemalige Jugoslawien ist auf ein bestimmtes Territorium beschränkt; seine Zuständigkeit umfasst nur die Verfolgung von Verbrechen, die auf jenem Gebiet nach 1991 begangen wurden. Dennoch werden seine Entscheidungen, sofern sie direktverbindliche Außenwirkung entfalten, in der Rechtslehre als supranational bezeichnet. Gleiches muss für das Übergangsrecht gelten, welches somit als supranationales Recht eine Rechtsordnung eigener Art darstellt, die zwischen den herkömmlichen Kategorien von Völkerrecht einerseits und innerstaatlichem Recht andererseits liegt.

Staatsgewalt und Doppelfunktionstheorie

Normalerweise geht es in rechtstheoretischen Untersuchungen des Charakters von sekundärem Organisationsrecht ausschließlich um eine Entscheidung zwischen Völkerrecht oder einer Rechtsform eigener Art, während eine Zuordnung zum innerstaatlichen Recht meist gar nicht in Betracht gezogen wird.

Innerhalb der Diskussion um das Übergangsrecht scheint diese Grundüberzeugung jedoch stillschweigend revidiert worden zu sein. Vor allem in Bezug auf die Übergangsgesetze in Bosnien wird vertreten, dass diese wenigstens teilweise als innerstaatliches Recht behandelt werden müssten.

Die dazu gehörende Theorie der *»functional duality«* (Doppelfunktionstheorie), die von einer doppelten oder wechselnden Natur des Übergangsrechts ausgeht, wurde erstmals vom bosnischen Verfassungsgerichtshof (VerfGH-BiH) in seinem Urteil U 9/00 entwickelt und fand Unterstützung in der Rechtslehre. Das erklärt sich in erster Linie vor dem Hintergrund des gutgemeinten Versuchs, das Übergangsrecht einer gerichtlichen Kontrolle zuzuführen. Der VerfGH-BiH ist für die Überprüfung von innerstaatlichem Recht zuständig und könnte auch Rechtsakte des Hohen Repräsentanten überprüfen, wenn diese dem innerstaatlichen Recht zuzuordnen wären.

Am 13. Januar 2000 hatte der Hohe Repräsentant in Bosnien das »Law on the State Border Service of Bosnia and Herzegovina« erlassen, nachdem die parlamentarische Versammlung das von der Präsidentschaft vorgeschlagene Gesetz nicht beschließen wollte. Gegen das Übergangsgesetz eröffneten elf Abgeordnete ein Normenkontrollverfahren vor dem VerfGH-BiH. Vorgetragen wurde nicht inhaltliche Verfassungswidrigkeit, sondern Verfahrensfehler. Unter anderem wurde die Befugnis des Hohen Repräsentanten zum Legislativhandeln in Frage gestellt. Zum bedeutsamsten Teil des Urteils wurde die Frage, ob der VerfGH-BiH für eine Prüfung des Übergangsgesetzes überhaupt zuständig sei. Der Gerichtshof bejaht dies. Seine

Zuständigkeit stützt er auf die Annahme, dass es sich bei dem betreffenden Übergangsgesetz um innerstaatliches Recht handele.

Dazu wird unter anderem ausgeführt, dass die Rolle der Übergangsverwaltung jener der alliierten Besatzung in Deutschland und Österreich nach dem Zweiten Weltkrieg vergleichbar sei. Die Folge ist nach Meinung des VerfGH-BiH eine Art »Doppelfunktion« der Übergangsverwaltung. Gemeint ist, dass eine internationale Behörde, die auf Grund internationalen Mandats in eine innerstaatliche Rechtsordnung eingreift, je nach Sachzusammenhang Völkerrecht *oder* innerstaatliches Recht erlassen könne. Letzteres sei der Fall, wenn das Legislativhandeln der Übergangsverwaltung das Tätigwerden eines innerstaatlichen Organs ersetze: Der Hohe Repräsentant habe dann als eine innerstaatliche Autorität gehandelt, weshalb das von ihm erlassene Recht innerstaatlichen Charakter trage.

Im Folgenden nahm der VerfGH-BiH eine Überprüfung des Übergangsgesetzes vor. Zwar bejahte er im Ergebnis dessen Verfassungsmäßigkeit und wies die Klage der Abgeordneten ab. Dennoch wirkte allein die Tatsache, *dass* ein Übergangsgesetz überprüft wurde, als Sensation. Die Doppelfunktionstheorie wurde schließlich vom Hohen Repräsentanten akzeptiert und vom VerfGH-BiH in weiteren Fällen angewendet. In Reaktion auf einen späteren Rechtsstreit stellte der Hohe Repräsentant allerdings fest, es habe sich bei seiner Akzeptanz der Doppelfunktionstheorie eher um eine freiwillige Beschränkung seiner Immunität und nicht um die Unterwerfung unter einen zutreffenden Rechtsspruch gehandelt.

Die auf den ersten Blick schlüssige Argumentation der Doppelfunktionstheorie krankt jedoch an mehreren Fehlern.

In einigen Punkten weist das Übergangsrecht zwar tatsächlich Ähnlichkeit mit dem Besatzungsrecht des Alliierten Kontrollrats in Deutschland nach dem Zweiten Weltkrieg auf. So ging es auch in Deutschland nach 1945 darum, ein zerstörtes, aber in seiner Souveränität nach wie vor anerkanntes Land zu verwalten und den demokratischen Institutionenaufbau voranzutreiben. Zu diesem Zweck regelte eine internationale Behörde, nämlich der Alliierte Kontrollrat, inländische Angelegenheiten, während die deutsche Souveränität im Ganzen suspendiert war. Die umfassende Gesetzgebungskompetenz der Alliierten ähnelt insoweit den Hoheitsrechten einer Übergangsverwaltung, als Gesetze mit Durchgriffswirkung direkt für die deutschen Staatsbürger erlassen wurden.

Die Argumentationslinie des VerfGH-BiH im dargestellten Fall folgt in Teilen den Entscheidungen der deutschen Gerichtsbarkeit zur Rechtsnatur von Akten des Alliierten Kontrollrats. Die deutschen Gerichte machten die Frage, *wessen* Staatsgewalt oder *welche Art* von Staatsgewalt im jeweiligen Fall ausgeübt werde, zum Dreh- und Angelpunkt einer Feststellung des Rechtscharakters. Es wurde im Einzelfall differenziert: Wenn die Besatzungsbehörden im Interesse Deutschlands (also »treuhänderisch«) handelten, läge eine Ausübung der deutschen Staatsgewalt vor; bei Handeln im Eigeninteresse werde hingegen eigene, völkerrechtlich begründete Staatsgewalt ausgeübt. Daraus war nach Meinung der Gerichte der Rechtscharakter der jeweiligen Maßnahme ableitbar.

Während diese Rechtsprechung stark auf den treuhänderischen Charakter eines Rechtsaktes zur Begründung seiner Innerstaatlichkeit abstellt, versteht der VerfGH-BiH unter »Handeln für« eher eine formelle Substitution: Das Handeln an Stelle einer eigentlich zuständigen lokalen Behörde soll innerstaatliches Recht generieren.

Soweit aus einer Betrachtung des deutschen Besatzungsrechts Erkenntnisse für den Rechtscharakter des Übergangsrechts gewonnen werden können, sind es nicht die vom VerfGH-BiH behaupteten. Schon im Falle Deutschlands nach 1945 sprechen gewichtige Gründe gegen die Annahme, dass ein völkerrechtlich begründetes Organ wie die alliierte Militärregierung (teilweise) deutsches Recht erlassen konnte. Zum einen hat sich die Besatzungsmacht selbst nie als Organwalter, also als eine Art Stellvertreter für die lokalen Behörden, betrachtet. So wendete die Gerichtspraxis der Alliierten nicht etwa deutsche Verfahrensregeln auf Streitfälle über das Besatzungsrecht an. Es wurde auch niemals davon ausgegangen, über deutsches Recht zu entscheiden. Das Gleiche zeigt sich am Problem der Fortgeltung: Wenn es sich beim Besatzungsrecht (teilweise) um innerstaatliches Recht gehandelt hätte, wäre die vertragliche Zusicherung einer Weitergeltung der betreffenden Regeln überflüssig gewesen. Weiterhin wurde nie von einer Justiziabilität des Besatzungsrechts vor deutschen Gerichten ausgegangen. Im Gegenteil stellten die Besatzungsbehörden klar, dass eine Überprüfung von Besatzungsrecht durch lokale Gerichte ausgeschlossen sei. Für das Saarland hingegen wurden einige Besatzungsrechtsakte direkt durch Bundesgesetz erlassen und folgerichtig als deutsches Recht betrachtet. Der

Umkehrschluss ergibt, dass Besatzungsrecht in allen anderen Fällen nicht als innerstaatliches Recht gelten kann.

Richtig verstanden, beschreibt die Doppelfunktionstheorie nur die Erkenntnis, dass internationale Organe gleichermaßen zur Setzung von völkerrechtlichen und von innerstaatlichen *Rechtsfolgen* in der Lage sein können. Das macht die handelnden Organe jedoch nicht zu innerstaatlichen Organen und ihre Normen nicht zu innerstaatlichem Recht. Die Doppelfunktionstheorie verkennt, dass eine Norm ein vom innerstaatlichen Recht geschaffenes Gut betreffen kann, ohne deshalb selbst zu innerstaatlichem Recht zu werden. Sie geht zudem in unnatürlicher Weise davon aus, dass ein völkerrechtlich legitimiertes Organ, das nicht von lokalen Stellen errichtet und nicht von lokalen Staatsangehörigen besetzt wird, das seine Rechtsmacht nicht aus dem lokalen Recht zieht, nicht den lokalen Verfahren folgt und auch sonst an die lokale Rechtsordnung nicht gebunden ist, dennoch als Gesetzgeber des betreffenden Staates angesehen werden müsse.

Auch ergeben sich aus der Doppelfunktionstheorie keine praktisch nutzbaren Abgrenzungskriterien. Die Frage, ob eine internationale Organisation oder Besatzungsmacht eher »im Interesse« der betroffenen Bevölkerung oder eher im eigenen Interesse handelt, ist bei genauerer Betrachtung nicht objektiv zu beantworten. Es fehlt an der Definierbarkeit des »Interesses« einer Bevölkerung. Dieses Manko rückt die mit der Doppelfunktionstheorie erzielten Antworten in den Bereich des Beliebigen.

Abzulehnen ist die Doppelfunktionstheorie weiterhin wegen des ihr zu Grunde liegenden Missverständnisses, man könne zwischen verschiedenen Sorten von Staatsgewalt unterscheiden. Die Vertreter der Doppelfunktionstheorie gehen irrtümlich davon aus, ein internationaler Normsetzer wie z.B. eine Besatzungsmacht könne entweder aus eigener Gewalt oder in Ausübung einer »fremden«, gewissermaßen geliehenen Hoheitsgewalt handeln.

Entsprechend wird auch bezüglich der Übertragung von Hoheitsrechten auf eine supranationale Organisation darum gestritten, ob die Organisation dann »eigene« (»originäre«) oder »abgeleitete« (»derivative«) Hoheitsgewalt ausübe. Dabei wird mit aufwendiger Argumentation begründet, warum trotz eines willentlichen Übertragungsaktes keine abgeleitete, sondern »originäre« Hoheitsmacht der Organisation entstehe. Die Gründung einer supranationalen Organisation wirke insoweit ähnlich wie eine Staatengründung, bei der ebenfalls ein originärer Hoheitsträger hervorgebracht werde.

Bei dieser Kontroverse geht es jedoch eher um ein terminologisches Spiel als um eine substanzielle Rechtsfrage. Dies lässt sich schon deshalb sagen, weil es sich bei Staatsgewalt um ein *tatsächliches* Verhältnis handelt, das am ehesten dem zivilrechtlichen Besitz vergleichbar ist. Zwar kann auch ein zivilrechtlicher Besitzer den Besitz »für einen anderen« ausüben, nämlich in dem Bewusstsein, dass die besessene Sache nicht ihm gehört. Dies ändert aber nichts an der Rechtsnatur des tatsächlichen Verhältnisses zur Sache; es wird nicht »fremder Besitz« im Sinne von »Besitz eines anderen« ausgeübt, sondern immer noch »eigener« Besitz, der aber von der rechtlichen Beziehung zu einer weiteren Person bestimmt wird.

Übertragen auf das Phänomen der Staatsgewalt, folgt daraus, dass eine internationale Organisation oder eine Besatzungsmacht weder »eigene« noch »fremde« Staatsgewalt ausübt, weil diese Unterscheidung bei einem tatsächlichen Verhältnis nicht greift. Es gibt keine »fremde« Staatsgewalt, sondern nur eine solche, die ursprünglich einem anderen Souverän zustand. Nachdem sich die Unterscheidung mithin als gegenstandslos erweist, kann aus ihr kein Argument für den Rechtscharakter der auf diesem Weg zu Stande kommenden Normen gewonnen werden.

Weitere Gründe sprechen gegen die Doppelfunktionstheorie des VerfGH-BiH.

Zunächst ist schon fraglich, ob der Vergleich mit dem Besatzungsrecht in Deutschland tatsächlich das gewünschte Ergebnis stützt. Wie dargestellt, argumentierte das Bundesverfassungsgericht eher vorsichtig für die Möglichkeit eines innerstaatlichen Charakters von Besatzungsrecht und geht davon aus, dass dies »allenfalls in Betracht [käme], soweit es sich um die ›normale‹ Ausübung staatlicher Gewalt im *ausschließlichen Interesse des vertretenen Staates* [...] handelte«. Die Tätigkeit einer Übergangsverwaltung dient aber niemals dem »ausschließlichen Interesse« des betreffenden Staates, sondern vornehmlich der Wahrung des Weltfriedens, also dem vertragsgemäßen Ziel der Vereinten Nationen.

Oben wurde bereits darauf hingewiesen, dass Vorsicht bei der Annahme geboten ist, der Institutionenaufbau und die

Einführung von »Demokratie« würden gewissermaßen naturgemäß im Interesse der betroffenen Bevölkerung erfolgen. Eine solche Betrachtung mag normativ vertretbar sein; sie ist aber jedenfalls politischer und nicht rechtlicher Natur. In rechtlicher Hinsicht kann keineswegs davon ausgegangen werden, dass eine Übergangsverwaltung »im ausschließlichen Interesse« der Betroffenen handele. Da die Vereinten Nationen keine Demokratisierungsinstitution zum Wohl von Privatpersonen sind, käme eine solche Zielsetzung einer Überschreitung der UN-Befugnisse gleich.

Hinzu kommt, dass die Doppelfunktionstheorie zu einer haftungsrechtlichen Verantwortlichkeit betroffener Staaten für das Handeln der Übergangsverwaltung führen würde. Wenn eine Übergangsverwaltung innerstaatliches Recht erließe, dann müssten die lokalen Behörden gegebenenfalls für resultierende Schäden einstehen, die sie praktisch gar nicht zu verantworten haben. Bislang sind keine Anzeichen erkennbar, dass eine solche haftungsrechtliche Verantwortung vom VerfGH-BiH oder anderen Vertretern der Doppelfunktionstheorie erwünscht wäre oder auch nur als unvermeidbar betrachtet würde.

Weiterhin fehlt es in der Argumentation des VerfGH-BiH an einer Begründung für die zentrale Behauptung, dass es ohne Einfluss auf den Rechtscharakter einer Norm sei, wer sie erlassen habe. Wie oben dargestellt, ist im Gegenteil davon auszugehen, dass gerade der Normerzeuger für den Rechtscharakter einer Vorschrift ausschlaggebend ist.

Im Urteil 9/00 wird auch nicht erklärt, auf welche Weise der Hohe Repräsentant »als eine Behörde Bosnien-Herzegowinas« handeln soll. Die entsprechenden Formulierungen bleiben leere Behauptungen. Darüber hinaus werden falsche Schlüsse in Bezug auf die kompetenzrechtliche Lage gezogen. Der VerfGH-BiH geht davon aus, die Übergangsverwaltung habe bei Erlass des umstrittenen Übergangsgesetzes gewissermaßen eine Kompetenz der parlamentarischen Versammlung ausgeübt. Dies sei auch daran erkennbar, dass die parlamentarische Versammlung das Recht habe, ein solches Übergangsgesetz in Zukunft »abzuändern«.

Diese Darstellung ist ungenau, da das Übergangsgesetz wie üblich vorsieht, dass es in Kraft bleibt, *»until such time as the Parliamentary Assembly of Bosnia and Herzegovina adopts this Law in due form, without amendments [...]«*, also gerade *ohne* Abänderungen. Der korrekte Schluss aus dieser Klausel besteht im Gegenteil in der Erkenntnis, dass das fragliche Gesetz erst durch einen wortgleichen Inkorporationsakt in bosnisches Recht *umgewandelt* werden muss, bevor gegebenenfalls eine Abänderung durch das Parlament möglich wäre. Die Übergangsverwaltung übt eben gerade nicht »Kompetenzen der parlamentarischen Versammlung« aus, sondern erlässt auf Grund der ihr übertragenen Hoheitsrechte Vorschriften, deren Durchgriffswirkung sowohl den Staat Bosnien als auch seine Bürger bindet, solange die lokale Legislative sich den betreffenden Akt nicht zu eigen macht.

Dies führt schließlich zum zentralen Problem der Doppelfunktionstheorie. Die Kernthese, dass der Hohe Repräsentant

»intervened in the legal order of Bosnia and Herzegovina substituting himself for the national authorities« erweist sich als substanzlos, da ihr der rechtliche Gehalt fehlt. Ein supranationales Organ, das auf Grund von übertragenen Hoheitsrechten (legislativ) handelt, »substituiert« oder ersetzt notwendigerweise die lokale Staatsmacht, da die betreffenden Hoheitsrechte ohne die Existenz des supranationalen Organs naturgemäß von innerstaatlichen Stellen ausgeübt werden würden. Aus diesem Verhältnis ergibt sich deshalb kein Unterscheidungsmerkmal zwischen »substituierenden« (also innerstaatlichen) und »nicht substituierenden« (also völkerrechtlichen) Übergangsgesetzen. Das »Substituieren« liegt gewissermaßen in der Natur eines supranationalen Rechtsakts. Träfe die These des VerfGH-BiH zu, müsste auch das supranationale Gemeinschaftsrecht der EG/EU als »substituierend« und damit als innerstaatlich behandelt werden.

Zieht man all diese Argumente in Betracht, ist die Doppelfunktionstheorie abzulehnen. Eine Übergangsverwaltung handelt niemals »als Organ« des betroffenen Staates; sie übt auch keine »fremde« Hoheitsgewalt aus; während die Frage, inwieweit das Handeln lokaler Institutionen »substituiert« werde, rechtlich ohne Bedeutung bleibt.

Übergangsrecht ist deshalb auch nicht »teilweise« innerstaatliches Recht. Vielmehr ist es als supranationales Recht und damit als Rechtsordnung eigener Art zu behandeln. Das Urteil des bosnischen Verfassungsgerichtshof, welches man somit streng genommen als Fehlurteil bezeichnen muss, entsprang nicht so sehr dem Bemühen, eine juristisch wirklich schlüssige Einordnung des Übergangsrechts zu leisten. Vielmehr ging es dem Gericht darum, auf irgendeinem Weg zu einer Überprüfbarkeit von Übergangsrecht zu kommen. Die folgenden Ausführungen werden zeigen, dass dieses wünschenswerte Ergebnis auch auf juristisch haltbare Weise erreicht werden kann.

VI. Zur Justiziabilität des Übergangsrechts

Die oben dargestellten Anstrengungen des bosnischen Verfassungsgerichtshofs zeigen, wie untragbar die gegenwärtige Situation ist: Gegen Übergangsrecht besteht kein wie auch immer gearteter Rechtsschutz. Vor dem Hintergrund demokratischer Prinzipien ist das ein Skandal. Weder entsprechen Übergangsverwaltungen den Anforderungen der Gewaltenteilung noch jenen der Rechtsstaatlichkeit. Für die betroffenen Bürger bedeutet das, dass sie gegenüber der Übergangsverwaltung rechtlos gestellt sind. Zuvor wurden bereits einige Beispiele dafür geliefert, wie weitreichend eine Übergangsverwaltung in Rechtspositionen eingreifen kann. In einer modernen Demokratie ist das eigentlich unvorstellbar: Gegenüber einem Bürger wird ein Berufsverbot ausgesprochen, seine Konten werden eingefroren, oder er wird sogar verhaftet – und hat keine Möglichkeit, diese Maßnahmen gerichtlich überprüfen zu lassen.

Juristischer Grund für diese Situation ist gerade der Rechtscharakter des Übergangsrechts. Als supranationales Recht unterliegt es nicht der innerstaatlichen, also z.B. bosnischen Gerichtsbarkeit. Gleichzeitig existiert aber auch kein internationales Gremium, das für eine Überprüfung zuständig wäre.

Anders als im Fall der Europäischen Union, die mit dem Europäischen Gerichtshof (EuGH) über ein eigenes Gericht verfügt, wird die umfassende Legislativtätigkeit einer Übergangsverwaltung nämlich nicht von der Kontrolle durch eigene Rechtsprechungsorgane begleitet. Die Vereinten Nationen haben sich bislang nicht bereit gezeigt, ein entsprechendes Gericht zur Überprüfung des Handelns von Übergangsverwaltungen einzusetzen. In keiner der einschlägigen Resolutionen des Sicherheitsrats finden sich Regeln für eine Kontrolle von Übergangsrecht. Auch die Verfassungen oder verfassungsähnlichen Dokumente von Staaten oder Gebieten, die bislang unter die Hoheit einer Übergangsverwaltung gestellt wurden, halten keine Vorschriften bereit, die Schutz gegen Rechtsakte von Übergangsverwaltungen gewähren würden.

Entsprechend finden sich kaum Beispiele einer gerichtlichen Kontrolle von Übergangsrecht. Die Praxis zeigt vielmehr, dass Rechtsschutzbegehren gegen das Handeln von Übergangsverwaltungen geringe Aussicht auf Erfolg haben. Übergangsverwaltungen berufen sich häufig auf ihre »Immunität«, um sich Gerichtsprozessen zu entziehen. Als Nebenorgan einer internationalen Organisation behaupten sie Immunität vor nationalen Gerichten nach Artikel 105 UN-Charta sowie nach der »Convention on the Privileges and Immunities of the United Nations« vom 13. Februar 1946. UNMIK im Kosovo hat sich selbst mittels eines Übergangsgesetzes einen besonders hohen Immunitätsstatus eingeräumt.

Wir werden allerdings sehen, dass völkerrechtliche Immunität nicht das Problem darstellt. Bei der Frage nach der Justiziabilität geht es vielmehr darum, wie mit dem oben festgestellten Charakter des Übergangsrechts als supranationale Rechtsordnung zu verfahren ist. Daraus lässt sich, am Ende des Kapitels, ein Lösungsvorschlag ableiten, der betroffenen Bürgern einen Weg zu den nationalen Gerichten eröffnet, wenn ihre Rechte durch eine Übergangsverwaltung verletzt wurden.

Das Problem eines fehlenden Rechtswegs wurde auf Seiten der UNO durchaus erkannt. Man beobachtet die Tendenz, das eklatante Fehlen von nachträglichen Kontrollmöglichkeiten durch eine vorweggenommene Überprüfung zu kompensieren. So werden die Gesetze jüngerer Übergangsverwaltungen wie UNMIK im Kosovo vor Erlass vom UN-Sekretariat in New York geprüft. Maßstab sind hierbei die UN-Charta, das Mandat der jeweiligen Übergangsverwaltung sowie allgemein anerkannte völkerrechtliche Standards, insbesondere auf dem Gebiet der Menschenrechte. Selbstverständlich kann eine solche interne Vorabprüfung nicht als Ersatz für eine gerichtliche Kontrolle und für individuelle Klagemöglichkeiten betrachtet werden. Deshalb ist es unverzichtbar, nach juristisch korrekten Lösungen für das Problem der Justiziabilität zu suchen.

Überprüfung durch internationale Gerichte

Der **Internationale Gerichtshof** (IGH), der gemäß Artikel 92 der UN-Charta als »Hauptrechtsprechungsorgan der Vereinten Nationen« fungiert, kommt als Instanz zur Überprüfung von Übergangsrecht nicht in Betracht, da die Vereinten Nationen selbst vor dem IGH nicht parteifähig sind und dieser nur über Streitfälle zwischen Staaten entscheidet, so dass Individualrechtsschutzverlangen von vornherein aussichtslos wären.

Der **Europäische Gerichtshof für Menschenrechte** (EGMR) hat seine Zuständigkeit für die Überprüfung von Übergangsrecht in einer Entscheidung vom Oktober 2007 verneint. Da eine internationale Organisation wie die UNO und ihre Nebenorgane keine Parteifähigkeit vor dem EGMR besitzen, weil nur eine unterzeichnende Vertragspartei beklagt werden kann, hatten die Beschwerdeführer ihre Klage nicht gegen die UNO, sondern gegen das Land Bosnien-Herzegowina gerichtet. In der Begründung heißt es, die Rechtsakte des Hohen Repräsentanten seien Bosnien zuzurechnen, da die Vereinten Nationen nicht die notwendige »effektive Kontrolle« über ihre Übergangsverwaltung ausübten.

Der EGMR hielt dagegen, dass es sich bei den Übergangsgesetzen keinesfalls um innerstaatliche Rechtsakte des Landes Bosnien handele, sondern um Rechtsakte der Vereinten Nationen, für deren Überprüfung der EGMR nicht zuständig sei.

Diese Betrachtungsweise trifft zu. Die Rechtsakte einer Übergangsverwaltung tragen – wie oben dargestellt – keinen innerstaatlichen Charakter. Eine Zurechnung des Übergangsrechts zu den innerstaatlichen Behörden über die Figur der fehlenden »effektiven Kontrolle« erscheint konstruiert und offensichtlich von dem (nachvollziehbaren) Wunsch getragen, eine Zuständigkeit des EGMR trotz fehlender Parteifähigkeit der Übergangsverwaltung zu begründen.

Überprüfung durch außergerichtliche oder gerichtsähnliche Institutionen

Auf den ersten Blick scheint eine große Bandbreite von außergerichtlichen Überprüfungsmechanismen zu existieren, besonders im Kosovo. Eine genauere Betrachtung zeigt aber, dass keine der Institutionen in der Lage ist, dem Problem des fehlenden Rechtswegs abzuhelfen.

Kosovo

Im Kosovo gibt es mit dem Menschenrechtsbeauftragten, dem Menschenrechtskomitee, dem Menschenrechtsforum sowie dem »Kosovo Media Appeals Board« (MAB) gleich vier Institutionen, in deren Zuständigkeit eine Überprüfung von Übergangsgesetzen fallen könnte.

Die Institution des **Menschenrechtsbeauftragten** wird durch Kapitel 10 der Übergangsverfassung des Kosovo errichtet. Die so genannte »Ombudsperson« soll als unabhängige Anlaufstelle in Fällen von Menschenrechtsverletzungen oder Amtsmissbrauch Abhilfe schaffen. Im Kosovo gelten nämlich internationale Menschenrechtsstandards, und zwar auch für das Handeln der Übergangsverwaltung, was diese grundsätzlich auch anerkannt hat.

Allerdings können diese menschenrechtlichen Standards gegen UNMIK nicht wirklich durchgesetzt werden. Der Menschenrechtsbeauftragte besitzt, entgegen der Formulierung seines Mandats (*»shall have jurisdiction«*), keine echte judikative Gewalt. Er hat nur das Recht, Beschwerden anzunehmen und zu untersuchen sowie Empfehlungen in der jeweiligen Angelegenheit abzugeben. Eine Überprüfung von Gesetzen aus nationaler oder internationaler Quelle gehört nicht zu seinen Zuständigkeiten, ebenso wenig das Fällen verbindlicher Urteile. Insbesondere kommt eine Revision von Übergangsgesetzen nicht in Betracht, da Kapitel 10.2 der Übergangsverfassung die Übergangsgesetze ausdrücklich über die Kompetenzen des Menschenrechtsbeauftragten erhebt: Dieser habe nicht über UNMIK-Gesetze, sondern vielmehr in Übereinstimmung mit diesen zu entscheiden.

Wie beschränkt die Macht des Menschenrechtsbeauftragten gegenüber UNMIK ist, illustriert der Fall *Elife Murseli against The United Nations Missions in Kosovo*. Hier ging es nicht einmal um die Überprüfung eines Übergangsgesetzes, sondern nur um ein Rechtsschutzbegehren gegen eine von UNMIKs Verwaltungsentscheidungen. Die Klägerin Elife Murseli hatte vor einem Gericht der kosovarischen Gemeinde Kacanik gegen die Entscheidung zur Berufung eines neuen Grundschuldirektors geklagt, bei der ihre Bewerbung nicht berücksichtigt worden war. UNMIK, deren »Department for Education and Science« die angegriffene Entscheidung zu verantworten hatte, berief sich vor dem Gemeindegericht auf seine Immunität gemäß Regulation 2000/47 vom 18. August 2000, deren Abschnitt 3.3 lautet: *»UNMIK personnel, including locally recruited personnel, shall be immune from legal process in respect of words spoken and all acts performed by them in their official capacity.«*

Dennoch gab das Gericht der Klägerin Recht. Daraufhin wies UNMIK in einem Brief an das Gericht darauf hin, dass eine Durchsetzung des Urteils unmöglich sei, da eine Neubesetzung des Schuldirektorenpostens einzig in der Macht von UNMIK stehe und jede andere Maßnahme *»without validity and unenforceable against UNMIK«* sei. Dem Menschenrechtsbeauftragten blieb einzig die Möglichkeit, das Verhalten von UNMIK als einen Verstoß gegen die Rechtsweggarantie in Artikel 6 der Europäischen Menschenrechtskonvention zu qualifizieren. Die Klägerin hatte nichts davon.

Im Weiteren variierte die Zusammenarbeit von UNMIK mit dem Menschenrechtsbeauftragten je nach Einzelfall. In politisch relevanten Fällen verweigerte UNMIK regelmäßig die Kooperation. Mit Regulation 2006/6 vom 16. Februar 2006 stellte UNMIK schließlich klar, dass dem Menschenrechtsbeauftragten in Zukunft keine Kompetenz zur Überprüfung von Maßnahmen der Übergangsverwaltung zukommen werde. Nachdem auf einer Demonstration im Februar 2007 zwei Menschen von UNMIK-Beamten erschossen worden waren, versuchte der Menschenrechtsbeauftragte trotzdem zu intervenieren. Der Versuch einer Untersuchung scheiterte wiederum daran, dass die Übergangsverwaltung Immunität für sich in Anspruch nahm.

Das »Human Rights Oversight Committee« **(Menschenrechtskomitee)** wurde im Jahr 2002 als ein interner Kontrollmechanismus von UNMIK gegründet, besaß jedoch nur beratende Kompetenzen. Da das Menschenrechtskomitee hinter verschlossenen Türen tagte und keine Berichte veröffentlichte, ist nicht bekannt, ob es seine Rolle als interne Überprüfungsinstanz jemals ausübte. Obwohl das Menschenrechtskomitee formell weiterexistiert, hat es sich seit dem Jahr 2004 nicht mehr getroffen.

Vier Jahre später schuf das Übergangsgesetz UNMIK/REG/2006/12 vom 23. März 2006 das »Human Rights Advisory Panel« **(Menschenrechtsforum)**, vor dem Menschenrechtsverletzungen durch UNMIK von Einzelpersonen geltend gemacht werden können. Prüfungsmaßstab des Menschenrechtsforums sind die in Abschnitt 1.2 der Regulation genannten internationalen Menschenrechtsabkommen, zu denen die Allgemeine Erklärung der Menschenrechte, die Europäische Menschenrechtskonvention und der Internationale Pakt für bürgerliche und politische Rechte vom 16. Dezember 1966 gehören. Der Gründung des Menschenrechtsforums war heftige Kritik an der fehlenden gerichtlichen Verantwortlichkeit von UNMIK vorausgegangen, nachdem die Übergangsverwaltung das Mandat des Menschenrechtsbeauftragten beschränkt hatte.

Obwohl das Menschenrechtsforum aus drei internationalen Richtern besteht, die vom Präsidenten des Europäischen

Gerichtshofs für Menschenrechte ernannt werden, dazu ein ordentliches gerichtliches Verfahren besitzt und sich eine Verfahrensordnung gibt, seinem äußeren Anschein nach also einem unabhängigen Gericht ähnelt, ist es nicht mit der Fähigkeit zum Erlass von bindenden Urteilen ausgestattet. Zwar erlässt es Urteilssprüche *(»findings«)*; diese sind aber gemäß Abschnitt 1.3 von UNMIK/REG/2006/12 *»of an advisory nature«*. Abschnitt 17.3 sieht überdies vor, dass der *»Special Representative of the Secretary-General shall have exclusive authority and discretion to decide whether to act on the findings of the Advisory Panel«*. Der Special Representative behält sich also die Entscheidung darüber vor, ob er den Urteilssprüchen des Forums Folge leisten will oder nicht.

Zusätzlich zu dieser offensichtlichen Schwäche des Mandats dauerte es bis ins Jahr 2008 hinein, bis das Menschenrechtsforum überhaupt seine Arbeit aufnehmen konnte. Als Gründe für die Verzögerung wurden vor allem logistische Schwierigkeiten (Budgetprobleme, Personalknappheit, mangelnde Räumlichkeiten) genannt.

Das **Kosovo Media Appeals Board** (MAB) ist eine Berufungsinstanz, die Entscheidungen des »Temporary Media Commissioner« (hier übersetzt mit »Medienbeauftragter«) überwacht. Der Medienbeauftragte wiederum wurde zum Zweck der *»implementation of a temporary regulatory regime for all media in Kosovo«* durch UNMIK/REG/2000/36 vom 17. Juni 2000 ins Leben gerufen (und im Jahr 2005 durch die in lokaler Verantwortung stehende »Independent Media Commission« ersetzt). Nach demselben Übergangsgesetz kann das MAB jede Auflage oder Maßnahme des Medienbeauftragten bestätigen, modifizieren oder aufheben. Es handelt sich bei dieser Institution also um eine quasigerichtliche Instanz, die zur Kontrolle einer von UNMIK etablierten Verwaltungsinstanz (nämlich des Medienbeauftragten) berufen ist.

Das MAB verdient an dieser Stelle Beachtung, weil es über seine Kompetenzen hinaus in einem berühmt gewordenen Fall die beiläufige Überprüfung eines Übergangsgesetzes vorgenommen hat.

Im Juli 2000 verhängte der Medienbeauftragte eine Strafe in Höhe von 25 000 DM gegen die Zeitung *dita*, weil diese Fotos und persönliche Angaben von drei Personen veröffentlicht und sie der Teilnahme an Kriegsverbrechen beschuldigt hatte. Unter den Genannten waren zwei serbisch-orthodoxe Priester; zwei Tage später wurde auf zwei andere Priester aus dem gleichen Ort geschossen. Den Ereignissen war im April/Mai 2000 ein anderer Fall vorausgegangen, in dem ein serbischer UNMIK-Mitarbeiter zu Tode kam, nachdem *dita* ihn als Kriegsverbrecher bezeichnet hatte. Weil die erwähnte Geldstrafe in Höhe von 25 000 DM nicht bezahlt wurde, erließ der Medienbeauftragte ein Betriebsverbot für *dita*. Das MAB sollte dann im Fall *Beqaj & Dita versus The Temporary Media Commissioner* über eine Beschwerde des Herausgebers von *dita* entscheiden.

Unter anderem prüfte das MAB die Rechtmäßigkeit des Übergangsgesetzes UNMIK/REG/2000/37 vom 17. Juni 2000, welches die Verhängung von Sanktionen regelt. Das MAB räumte ein, dass es grundsätzlich nicht zu einer Überprüfung von Übergangsrecht befugt sei. Dennoch stellte es einen Verstoß gegen Artikel 6 der Europäischen Menschenrechtskonvention fest, weil UNMIK/REG/2000/37 keine ausreichenden prozeduralen Garantien für Betroffene bereithalte. Die Rechtmäßigkeit eines Übergangsgesetzes wird also in Frage gestellt, *obwohl* sich das MAB nicht zu einer solchen Überprüfung befugt fühlt. Die Entscheidung erfolgt ausdrücklich ohne Rechtsgrundlage. Der Fall spiegelt das zunehmende Unbehagen an fehlenden Rechtsschutzmöglichkeiten gegen das Übergangsrecht sowie das Bedürfnis, diesen Mangel durch außergerichtliche Spruchpraxis zu mildern.

Bosnien

Annex VI zum Dayton-Abkommen enthält die in Bosnien geltenden Grundrechte und gründet zu deren Überwachung die Institutionen eines **Menschenrechtsbeauftragten** (»Human Rights Ombudsman«) und einer **Menschenrechtskammer** (»Human Rights Chamber«), die gemeinsam die Menschenrechtskommission (»Commission on Human Rights«) bilden. Beide Organe sind für die Bearbeitung von Anträgen zuständig, die von Individuen, Gruppen oder Nichtregierungsorganisationen gestellt werden können. Dabei kommt der Menschenrechtskammer, deren Entscheidungen *»final and binding«* sein sollen, echte Rechtssprechungsgewalt zu, die z. B. die Möglichkeit einer Verurteilung zu Schadensersatzzahlungen umfasst. Mögliche Verfahrensgegner sind die Parteien von Annex VI, nämlich die Republik Bosnien-Herzegowina sowie die beiden Entitäten Republika Srpska und die Föderation Bosnien-Herzegowina.

Wie die Menschenrechtskammer im Rahmen ihres Internetauftritts betont, fallen nur solche Angelegenheiten unter ihre Zuständigkeit, die in der Verantwortlichkeit der genannten drei Parteien liegen. Dies ist ein indirekter Verweis auf die Tatsache, dass Übergangsgesetze sowie sonstiges Verhalten des OHR nicht von der Kammer überprüft werden.

Dies zeigte sich bereits im Fall *Dragan Cavic versus Bosnia and Herzegovina*. Dragan Cavic war Abgeordneter der Nationalversammlung der Republika Srpska und wurde durch ein Übergangsgesetz vom 8. Oktober 1998 wegen bestimmter Äußerungen seines Amtes enthoben. In seiner Beschwerde zur Menschenrechtskammer rügte er die Verletzung von Artikel 9 (Gedanken-, Gewissens- und Religionsfreiheit) und Artikel 10 (Freiheit der Meinungsäußerung) der Europäischen Menschenrechtskonvention. Er brachte vor, dass die Entscheidung des Hohen Repräsentanten dem bosnischen Gesamtstaat zuzurechnen sei – um auf diese Weise eine Zuständigkeit der Menschenrechtskammer zu begründen.

Am 18. Dezember 1998 entschied die Menschenrechtskammer, dass *»[Article II 2)] does not provide for the possibility of the Chamber considering applications directed against the High Representative. [...] It is beyond doubt that the actions of the High Representative are not subject to any review in relation to the carrying out of his functions under the General Framework Agreement [...]«.*

Die Kammer führt weiter aus, dass das beklagte Verhalten nur dann der bosnischen Staatsgewalt zugerechnet werden könne, wenn den nationalen Stellen irgendeine Möglichkeit zukäme, in das Verhalten der Übergangsverwaltung einzugreifen. Da dies nicht der Fall sei, wird abschließend festgestellt, dass »*[...] the High Representative cannot be said to be acting as, or on behalf of, the State or the Entities when acting in pursuance of his powers*«.

Die Argumentation der Menschenrechtskammer ist, so unerwünscht das Ergebnis unter dem Gesichtspunkt der Rechtsstaatlichkeit auch sein mag, aus juristischer Sicht einwandfrei. Die Zuständigkeit der Kammer wird von Annex VI auf Akte beschränkt, die in lokaler Verantwortlichkeit stehen. Für eine Zuordnung von Rechtsakten der Übergangsverwaltung zu den bosnischen Behörden fehlt es an jeglicher Grundlage.

Das Mandat der Menschenrechtskammer war auf fünf Jahre beschränkt. Sie wurde im Jahr 2003 aufgelöst, nachdem der VerfGH-BiH ihre Zuständigkeit übernommen hatte.

Überprüfung durch nationale Gerichte

Interessant ist die Frage, wie sich die nationalen Gerichte zum Übergangsrecht verhalten. Für einen Bürger des betroffenen Landes wäre es naheliegend, sich an ein lokales Gericht zu wenden, wenn er sich durch das Verhalten einer Übergangsverwaltung in seinen Rechten verletzt fühlt. Wie bereits angedeutet, ist eine Zuständigkeit der nationalen Gerichte aus juristischer Sicht jedoch nicht ohne Weiteres zu begründen.

In der Praxis scheitert das Bemühen um Rechtsschutz aber weniger an juristischen Hürden als am konsequenten Bestreben der Übergangsverwaltungen, das von ihnen erlassene

Recht einer Beurteilung durch nationale Gerichte zu entziehen. Rechtliche Argumentationen verschwinden in der Praxis hinter dem enormen Machtvorsprung, den Übergangsverwaltungen gegenüber den lokalen Institutionen besitzen, wie die folgenden Beispiele anschaulich machen.

Beispiele aus dem Kosovo

Auch wenn UNMIK im Kosovo immer wieder betont hat, dass eine Überprüfung von Übergangsrecht durch lokale Gerichte nicht möglich ist und diese Auffassung von den Gerichten in der Region grundsätzlich akzeptiert wird, existieren dennoch einige Fälle, in denen lokale Gerichte versucht haben, eine Norm des Übergangsrechts, die sie für rechtswidrig hielten, nicht anzuwenden und auf diese Weise gerichtliche Kontrolle auszuüben.

Berühmt geworden ist der *Termosistem Case*, in dem eine am ***Kosovo Supreme Court*** eingerichtete Sonderkammer, zuständig für die Überprüfung von Entscheidungen der »Kosovo Trust Agency« (KTA; eine Treuhandgesellschaft, die die ehemaligen Staatsunternehmen verwaltet), eine Vorschrift aus einem Übergangsgesetz nicht vollständig anwendete.

Die betreffende Vorschrift aus dem Übergangsgesetz sieht vor, dass eine auf ethnische Diskriminierungen gestützte Beschwerde nur geführt werden kann, wenn (öffentliche) Urkunden als Beweis vorgelegt werden. Im konkreten Fall ließ die Sonderkammer entgegen der übergangsrechtlichen Regelung auch andere Beweismittel zu, da sie die Einschränkung für unvereinbar mit menschenrechtlichen Standards hielt.

In Folge dieser Entscheidung der Sonderkammer erging ein Übergangsgesetz »On the Promulgation of the Anti-Discrimination Law Adopted by the Assembly of Kosovo« (UNMIK/REG/2004/32 vom 20. August 2004), welches in Diskriminierungsfällen sämtliche Beweismittel zulässt. Allerdings betonte UNMIK, dass der Erlass des neuen Antidiskriminierungsgesetzes unter keinen Umständen als Zeichen für eine Anerkennung des Urteils der Sonderkammer zu betrachten sei. Man halte an der Nichtüberprüfbarkeit von Übergangsgesetzen fest.

Im Fall *Bota Sot*, der Parallelen zum oben beschriebenen Verfahren *Beqaj & Dita versus The Temporary Media Commissioner* aufweist, hat sich das **Bezirksgericht Priština** (»Priština District Court«) ebenfalls gegen die Anwendung eines Übergangsgesetzes entschieden. Der Medienbeauftragte hatte eine Strafe gegen die Zeitung *Bota Sot* verhängt. Das Bezirksgericht Priština sollte gemäß einer UNMIK-Verwaltungsvorschrift die Vollstreckung der Geldstrafe betreiben, weigerte sich jedoch mit der Begründung, dass die UNMIK-Vorschrift dem innerstaatlichen Gesetz über die Gerichtsbarkeit im Kosovo (»The Law on Regular Courts«) nachrangig sein müsse.

In Reaktion auf dieses Verhalten stellte UNMIK fest, dass das Übergangsrecht dem lokalen Recht in allen Fällen vorgehe. Der *Supreme Court* bekam den Fall vorgelegt und verwies ihn an das Bezirksgericht zurück, wo durch einen anderen Richter im Sinne der Auffassung von UNMIK entschieden wurde.

Das **Amtsgericht Priština** (»Priština Municipal Court«) versuchte im Fall *Mobikos*, eine administrative Einzelfallentscheidung des Special Representative außer Acht zu lassen. Es ging um einen Vertrag, der zwischen der »Telecommunications Regulatory Authority in Kosovo« und einer Mobiltelefongesellschaft namens *Mobikos* gegen den Willen des Special Representative geschlossen worden war und der nach Auffassung des Amtsgerichts dennoch umgesetzt werden sollte. Das Amtsgericht Priština begründete nicht, warum es die Entscheidung des Special Representative nicht berücksichtigte. Auf einer Pressekonferenz stellte UNMIK klar, dass die Entscheidung des Amtsgerichts jeder rechtlichen Grundlage entbehre, und entzog damit ein weiteres Mal die Übergangsrechtsordnung einer Überprüfung durch die lokalen Gerichte.

Beispiele aus Bosnien

Im Zuge der Diskussion der Doppelfunktionstheorie des bosnischen Verfassungsgerichtshofs wurde der Fall 9/00 zum »Law on the State Border Service in Bosnia and Herzegovina« vom 3. November 2000 bereits dargestellt. Der VerfGH-BiH befasste sich unter Bezugnahme auf diesen Fall in einigen weiteren Verfahren mit der Überprüfung von Übergangsrecht.

Im **Fall 16/00** ging es um das »Law on the Sale of Apartments with Occupancy Rights«, das am 6. Dezember 1997 in der Föderation Bosnien-Herzegowina in Kraft getreten war. Es war vom lokalen Gesetzgeber, nämlich von Repräsentantenhaus und Volkskammer der Föderation Bosnien-Herzegowina (also von Institutionen auf der Entitäten-Ebene), verabschiedet worden. Am 5. Juli 1999 fügte der Hohe Repräsentant einen Artikel 8a in dieses Gesetz ein. Am 26. Juli 2000 verlangten elf Abgeordnete des Repräsentantenhauses der parlamentarischen Versammlung von Bosnien (Zentralstaat-Ebene) vor dem VerfGH-BiH eine Überprüfung dieses Artikel 8a, der ihrer Meinung nach gegen die bosnische Verfassung verstieß.

Der Hohe Repräsentant äußerte im Verfahren zum Fall 16/00 seine Rechtsmeinung, betonte aber ausdrücklich, dass er dadurch nicht die Überprüfungskompetenz des VerfGH-BiH anerkennen wolle. Der VerfGH-BiH hingegen bejahte seine Zuständigkeit zur Überprüfung in einem äußert kurzen Absatz unter bloßem Verweis auf den Fall 9/00. Dies bedeutet, dass der strittige Artikel 8a als »substituierend«, also den lokalen Gesetzgeber ersetzend, eingestuft und deshalb nach der Doppelfunktionstheorie zum innerstaatlichen Recht gerechnet wurde. Im materiellen Teil erklärte der VerfGH-BiH den strittigen Artikel 8a allerdings für verfassungskonform.

Ebenso verfuhr der VerfGH-BiH im **Fall 25/00**, in dem 34 Abgeordnete der Nationalversammlung der Republika Srpska das Übergangsgesetz »Decision Amending the Law on Travel Documents of Bosnia and Herzegovina« vom 29. September 2000 angriffen. Der VerfGH-BiH begründete seine Zuständigkeit kurz unter Anwendung der Doppelfunktionstheorie und kam dann aus materiellen Gründen zu einer Abweisung der Klage, indem er das fragliche Übergangsgesetz als verfassungsmäßig betrachtete. Gleiches geschah im Fall **26/01**.

In der Literatur wird vermutet, dass diesem Vorgehen eine stillschweigende Übereinkunft zwischen dem VerfGH-BiH und dem Hohen Repräsentanten zu Grunde liegt: Während der Hohe Repräsentant die Anwendung der Doppelfunktionstheorie akzeptiert, entscheidet der VerfGH-BiH stets zugunsten der Rechtmäßigkeit von Übergangsgesetzen. Tatsächlich hat der VerfGH-BiH bei seinen Überprüfungen von gesetzgebenden Übergangsgesetzen nie einen Verstoß gegen die Verfassung festgestellt.

Komplizierter stellen sich Verfahren dar, in denen es nicht um gesetzgebende, sondern um amtsbezogene Übergangsgesetze geht.

Im **Fall 37/01** lehnte der Gerichtshof die Überprüfung einer Amtsenthebung ab. Der Hohe Repräsentant hatte den früheren Premierminister der Föderation Bosnien-Herzegowina, Edhem Bičakčić, von seinem Posten als Direktor des Stromerzeugers Elektroprivreda entfernt und ihm bis auf Weiteres jede Ausübung eines öffentlichen oder sonstigen Amtes untersagt. Die Amtsenthebung erfolgte als nachträgliche Strafe für einen angeblichen Machtmissbrauch während Bičakčićs Zeit als Premierminister.

Der Betroffene sowie 37 Abgeordnete des Repräsentantenhauses der Föderation Bosnien-Herzegowina machten vor dem VerfGH-BiH geltend, Amtsenthebung und Amtsverbot seien ohne jede Rechtsgrundlage erfolgt und verstießen zudem gegen etliche menschenrechtliche Schutzvorschriften in der bosnischen Verfassung sowie in internationalen Menschenrechtsdokumenten.

Der VerfGH-BiH erklärte, nicht zuständig zu sein, ohne die Doppelfunktionstheorie auch nur zu erwähnen. Dies könnte bedeuten, dass er das Übergangsgesetz nicht als »substituierend« ansah. Dann würde es sich bei einer Amtsenthebung nach Einschätzung des VerfGH-BiH prinzipiell nicht um einen Legislativakt handeln, da beim Erlass eines gesetzgebenden Übergangsgesetzes immer der lokale Gesetzgeber »ersetzt« wird – schließlich sind die lokalen Parlamente nach den bosnischen Verfassungen die für formelle Gesetze allein zuständigen Organe.

Andererseits aber wurde der fragliche Rechtsakt vom Gerichtshof auch nicht als administrative oder richterliche Entscheidung angesehen. Denn nur für Legislativakte besteht eine erstinstanzliche Zuständigkeit des VerfGH-BiH im Rahmen einer Normenkontrolle oder Verfassungsbeschwerde, während bei administrativen oder richterlichen Akten der Rechtsweg zu den einfachen Gerichten eröffnet wäre. Über die fehlende Rechtswegerschöpfung verlor der VerfGH-BiH im Fall 37/01 kein Wort. Stattdessen wurde die Beschwerde abgelehnt, weil sie kein *»judgement«* im Sinne des Artikels 6 der bosnischen Verfassung darstelle und somit nicht in die Zuständigkeit des VerfGH-BiH falle. Argumente für diese Auffassung lieferte das Gericht nicht.

Ob die Doppelfunktionstheorie hier überhaupt angewendet oder schlicht beiseitegelassen wurde, weil eine Überprüfung von Amtsenthebungen aus politischen Gründen völlig ausgeschlossen erschien, bleibt mangels juristischer Ausführungen im Urteil unklar.

Im **Fall AP-953/05** erfolgte eine deutliche Kehrtwende in der Rechtsprechung des Gerichtshofs. Nachdem Milorad Bilbija (ehemals u.a. Deputy Head Operative Administration of the Intelligence and Security Agency in Banja Luka) und Dragan Kalinic (vormals u.a. Chairman of the National Assembly of Republika Srpska) durch Entscheidung des Hohen Repräsentanten am 30. Juni 2004 ihrer diversen Ämter enthoben worden waren, wandten sie sich vor dem VerfGH-BiH gegen die entsprechenden amtsbezogenen Übergangsgesetze des Hohen Repräsentanten. Anders als im Fall 37/01 hatten die Beschwerdeführer zuvor erfolglos Rechtsschutz vor den ordentlichen Gerichten gesucht. In ihrer Klage vor dem VerfGH-BiH machten sie sich die Doppelfunktionstheorie zu eigen und brachten vor, dass ihre Entlassung aus öffentlichen Ämtern als innerstaatliche Entscheidung zu betrachten sei. In materieller Hinsicht machten sie geltend, dass ihre gesamte öffentliche und private Existenz durch die Amtsenthebung und das Amtsverbot vernichtet sei. Die Verhängung eines solchen »zivilen Todes« erinnere an Herrschaftsmethoden des antiken Roms und habe in einer modernen Demokratie nichts zu suchen.

In seinem Urteil vom 8. Juli 2007 umgeht der Gerichtshof die Frage nach der Überprüfbarkeit der angegriffenen Übergangsgesetze, indem er schlicht die ablehnenden Urteile der Vorinstanzen zum Klagegegenstand macht, ohne darauf Bezug zu nehmen, dass diese Abweisungen jeweils gerade auf Grund mangelnder Zuständigkeit der Gerichte erfolgt waren. Wiederum fehlt es an juristischen Argumentationen.

Danach betont der VerfGH-BiH, dass er den Inhalt des Übergangsgesetzes nicht überprüfen könne. Ausführlich wird das

Mandat des Hohen Repräsentanten aus völkerrechtlichen Dokumenten (Dayton-Abkommen, Sicherheitsratsresolutionen) hergeleitet. Der Gerichtshof fühlt sich aber dennoch berufen, die Rechtsweggarantie aus Artikel 13 der Europäischen Menschenrechtskonvention zu schützen, die jeder in ihrer Rechten verletzten Person das Recht zuspricht, »bei einer innerstaatlichen Instanz eine wirksame Beschwerde zu erheben, auch wenn die Verletzung von Personen begangen worden ist, die in amtlicher Eigenschaft gehandelt haben«. Der Gerichtshof stellt fest, dass wegen der fehlenden Zuständigkeit der bosnischen Gerichte und wegen des Fehlens anderweitiger Berufungsmöglichkeiten gegen Amtsenthebungen ein Verstoß gegen die bosnische Verfassung und gegen das Menschenrecht auf ein gerichtliches Verfahren vorliege. Dem Land Bosnien wird aufgetragen, etwas gegen die fehlende Überprüfungsmöglichkeit zu unternehmen, zum Beispiel indem es im PIC Steering Board auf diesen Missstand hinweist.

Wieder bleibt unklar, inwieweit der VerfGH-BiH die Doppelfunktionstheorie anwendet. Das Urteil ist wohl so zu lesen, dass nach Auffassung des Gerichts eine Amtsenthebung nicht »substituierend« ist und demnach keinen innerstaatlichen Rechtscharakter trägt. Die Feststellung eines Verstoßes gegen Artikel 13 der Europäischen Menschenrechtskonvention erfolgt eher aus Anlass der Beschwerde der beiden Betroffenen und weniger in dem Bemühen, der konkreten Beschwerde tatsächlich abzuhelfen. Die Beschwerdeführer hatten sich direkt gegen das amtsbezogene Übergangsgesetz gewandt, das ihrer Auffassung nach das Recht auf freie Meinungsäußerung, das Diskriminierungsverbot, das Recht auf Berufsausübung und weitere menschenrechtliche Positionen verletze. Trotz dieser Diskrepanz zwischen Antrag und Urteil erklärt der Gerichtshof die Beschwerde für vollumfänglich begründet.

Auch dieser Fall kann sinnvoller politisch als juristisch interpretiert werden. Offensichtlich ist der VerfGH-BiH zu der Überzeugung gelangt, dass die fehlende Justiziabilität von amtsbezogenen Übergangsgesetzen ein untragbarer Zustand sei, dem auf politischem Weg abgeholfen werden müsse. Das zeigt sich auch daran, dass das Gericht mehrfach die Ergebnisse der *Venice Commission* (»European Commission for Democracy through Law«) zitiert, die in ihrer »Opinion on the Constitutional Situation in Bosnia and Herzegovina and Powers of the High Representative« vom 11. März 2005 ausdrücklich den fehlenden Rechtsschutz gegen Übergangsgesetze kritisiert: »*The main concern is however that the High Representative does not act as an independent court and that there is no possibility of appeal. [...] As a matter of principle, it seems unacceptable that decisions directly affecting the rights of individuals taken by a political body are not subject to a fair hearing or at least the minimum of due process and scrutiny by an independent court.*« Mit Rückendeckung durch die Einlassungen der *Venice Commission* wendet sich der Gerichtshof in seinem Urteil erstmalig direkt gegen den Hohen Repräsentanten, vermutlich in der Auffassung, die Zeit sei reif, etwas gegen die rechtlich unvollkommene Lage zu unternehmen.

Die Tatsache, dass im Fall AP-953/05 erstmalig ein der Beschwerde stattgebendes Urteil erging, veranlasste den Hohen Repräsentanten zu einer deutlichen Reaktion. Am 23. März

2007 erließ er eine Übergangsanweisung, in der er sich mit dem Urteil auseinandersetzt. Zunächst zitierte der Hohe Repräsentant im Rahmen einer langen Präambel die Doppelfunktionstheorie und stellte gleich darauf fest, dass er, aus Respekt gegenüber dieser *»domestic theory«*, seine Immunität unter Annex X des Dayton-Abkommens aufgehoben und sich mit der Überprüfung von bestimmten Rechtsakten einverstanden erklärt habe. Amtsenthebungen trügen jedoch keinen substituierenden Charakter. Der Hohe Repräsentant sei Bosnien-Herzegowina gegenüber nicht rechenschaftspflichtig, da er kein Organ des bosnischen Staates darstelle. Er benutzte seine Interpretationskompetenz aus Artikel 5 des Annex X zum Dayton-Abkommen, um festzustellen, dass sich die Geltungskraft seiner Rechtsakte nicht auf einen Kompetenztransfer von Seiten des bosnischen Staates stützten, sondern ihre Gültigkeit allein aus dem internationalen Recht bezögen.

Im Weiteren mahnte der Hohe Repräsentant an, dass der bosnische Staat bei dem Versuch, dem Urteil im Fall AP-953/05 Folge zu leisten, gegen seine internationalen Verpflichtungen verstoßen würde. Der Hohe Repräsentant betrachte es als seine Verantwortung, dafür zu sorgen, dass Urteile des VerfGH-BiH nicht in Konflikt mit dem Dayton-Abkommen gerieten. Schließlich erklärte er sich selbst zur allein zuständigen Überprüfungsinstanz für amtsbezogene Übergangsgesetze. Im Anschluss daran verfügte er im Hauptteil, dass nur er selbst als Ansprechpartner für einen Vollzug des Urteils zur Verfügung stehe. Jeder Versuch, ein lokales Überprüfungsverfahren für amtsbezogene Übergangsgesetze zu errichten, werde als Verstoß gegen das Dayton-Abkommen betrachtet und entsprechend sanktioniert. In Zukunft müsse jede Klage vor einem lokalen Gericht, die sich auf ein Übergangsgesetz beziehe, als unzulässig abgewiesen werden, sofern der Hohe Repräsentant nicht sein ausdrückliches Einverständnis mit dem Verfahren erkläre. Abschließend wurde festgestellt, dass es keine wie immer geartete Haftung oder Verantwortlichkeit des bosnischen Staates für die schädigenden Folgen eines Übergangsgesetzes gebe und dass die gegenwärtige Übergangsanweisung selbst keiner wie immer gearteten Jurisdiktion vor den bosnischen Institutionen unterliege.

Aus diesen Erklärungen ergeben sich interessante Rückschlüsse auf die Haltung der Übergangsverwaltung zur Überprüfbarkeit ihrer Gesetze. Die Akzeptanz der Doppelfunktionstheorie durch die Übergangsverwaltung stellt sich aus Sicht des Hohen Repräsentanten nicht als Folge einer juristischen Überzeugung, sondern als Kulanz gegenüber den Bemühungen der lokalen Gerichte dar. Der Hohe Repräsentant argumentiert für den rein völkerrechtlichen Charakter seines legislativen und administrativen Handelns (wobei die Auffassung, es habe kein Kompetenztransfer vom bosnischen Staat auf die Übergangsverwaltung stattgefunden, aus den oben dargelegten Gründen abzulehnen ist) und leitet daraus eine absolute Immunität nach Völkerrecht ab. Eine Überprüfung will er durch punktuelle Aufhebung dieser Immunität im Einzelfall gestatten, nämlich nur dann, wenn es zu den von ihm angenommenen politischen Notwendigkeiten passt. Mit der zitierten Übergangsanweisung stellt sich der Hohe Repräsentant deutlich über den VerfGH-BiH und seine Rechtsprechung. Zwar geht er nicht so weit, das Urteil für ungültig zu erklären; wohl aber macht er es durch die einschränkenden Anweisungen für den Vollzug praktisch gegenstandslos.

Gleichzeitig führt er die Doppelfunktionstheorie als juristische Argumentation ad absurdum, indem er ihr nur in politisch opportunen Fällen Geltung verschaffen will. In diesem Licht wirkt die Überprüfung von Übergangsrecht wie ein Spiel, an dem sich die lokalen Instanzen versuchen dürfen, sofern dies vom Einverständnis des eigentlichen Machthabers getragen ist. Von einem echten System aus *»checks and balances«* zwischen dem Hohen Repräsentanten und dem VerfGH-BiH, wie es in der Rechtslehre nach dem Urteil im Fall 9/00 optimistisch vorausgesagt wurde, kann unter diesen Bedingungen keine Rede sein.

Zusammenfassend kann man festhalten, dass das Übergangsrecht in der Praxis als unüberprüfbar behandelt wird, wobei in Ausnahmefällen eine Unterstellung einzelner Bereiche des Übergangsrechts unter die lokale Gerichtsbarkeit vorgenommen wird. Da diese Ausnahmen aber immer von den Übergangsverwaltungen selbst festgelegt und nach Belieben wieder aufgehoben werden, kann von der Existenz einer unabhängigen Gerichtsbarkeit nicht die Rede sein.

Das Problem des Rechtscharakters

Dieses in der Praxis festgestellte Ergebnis entspricht auf den ersten Blick der juristischen Analyse. Anders als von den Übergangsverwaltungen angenommen, steht aber nicht die völkerrechtliche Immunität einer Überprüfung von Übergangsrecht entgegen. Das Problem liegt vielmehr im Charakter der Rechtsordnung: Als supranationales Recht entzieht sich das Übergangsrecht dem Zugriff aller bislang existierenden Spruchkörper.

Dass und warum es bei diesem Ergebnis aus menschenrechtlichen Gründen nicht bleiben kann, wird im Anschluss dargestellt.

Supranationales Recht vor lokalen Gerichten

Das Übergangsrecht ist als supranationales Recht der Vereinten Nationen zu betrachten und stellt somit eine Rechtsordnung eigener Art dar, die vom lokalen Recht verschieden ist.

Für das Gemeinschaftsrecht der EG/EU gilt diese Erkenntnis inzwischen als selbstverständlich. Dass sich supranationale und nationale Rechtsordnung als jeweils autonome Systeme gegenüberstehen, ist eine Folge der Übertragung von Hoheitsrechten. Diese Auffassung wird inzwischen von Rechtsprechung und Lehre in den meisten Mitgliedstaaten geteilt.

In Deutschland geht das Bundesverfassungsgericht (BVerfG) seit 1967 davon aus, dass die Übertragung von Hoheitsrechten auf die EU-Ebene zur Entstehung einer selbständigen und unabhängigen öffentlichen Gewalt geführt habe, die eine eigene, vom Völkerrecht und vom innerstaatlichen Recht autonome Rechtsordnung hervorbringt. Diese Auffassung wurde in späteren Beschlüssen des BVerfG weiterentwickelt (s. dazu ab S. 171). Der EuGH bezieht sich bereits seit 1964 auf eine autonome gemeinschaftsrechtliche Ordnung.

Die Souveränität eines Staates bleibt auch nach der Abtretung von Hoheitsrechten vollumfänglich erhalten. Gleichzeitig ist die Ausübung der Befugnisse durch den fremden Hoheitsträger eigenständig – seine Legislativakte stellen keine Emanationen einer (auch) lokalen Hoheitsgewalt dar. Supranationales Recht und lokales Recht werden in jeweils eigenständigen Verfahren hervorgebracht und unterliegen deshalb eigenen Kontrollmechanismen. Ohne eine entsprechende Unterwerfungserklärung kann die Kontrolle von supranationalem Recht – und damit auch von Übergangsrecht – nicht in die Kompetenz lokaler Gerichte fallen.

Die Immunität von Übergangsverwaltungen nach UN-Charta

Von den Übergangsverwaltungen selbst wird die Immunität nach UN-Charta herangezogen, um die fehlende Justiziabilität ihrer Rechtsakte vor lokalen Gerichten zu begründen. Dies ist unzutreffend.

Zwar besitzt die UNO tatsächlich eine sehr weitreichende Immunität. In Artikel 105 UN-Charta heißt es: »(1) Die Organisation genießt im Hoheitsgebiet jedes Mitglieds die Vorrechte und Immunitäten, die zur Verwirklichung ihrer Ziele erforderlich sind. (2) Vertreter der Mitglieder der Vereinten Nationen und Bedienstete der Organisation genießen ebenfalls die Vorrechte und Immunitäten, deren sie bedürfen, um ihre mit der Organisation zusammenhängenden Aufgaben in voller Unabhängigkeit wahrnehmen zu können.« In der *Convention on the Privileges and Immunities of the United Nations* wird der Rahmen dieser Immunität benannt: Die UN und ihre Organe sind jeder Form von nationaler Gerichtsbarkeit entzogen.

Wie hoch die Akteure die Bedeutung dieser Immunität einschätzen, zeigt sich daran, dass den allgemeinen Immunitätsvorschriften noch konkrete für die jeweilige Mission hinzugefügt werden, um sicherzustellen, dass die Übergangsverwaltung von dieser Immunität erfasst wird. Für das OHR in Bosnien, das kein direktes Nebenorgan des UN-Sicherheitsrats ist, findet sich in Artikel 3 des Annex X zum Dayton-Abkommen die Regelung, dass dem OHR und allen seinen Angestellten die Immunitäten aus der *Vienna Convention on Diplomatic Relations*, die für Botschaftsangehörige gilt, zukommen sollen. Für das Kosovo hat der Special Representative die Immunität seiner Übergangsverwaltung in UNMIK/REG/2000/47 vom 18. August 2000 festgestellt.

Der kosovarische Menschenrechtsbeauftragte hat sich kritisch dazu geäußert. Er betont, dass der Zweck von Immunität nach Völkerrecht darin bestehe, eine internationale Organisation bei ihrer Tätigkeit vor Ort gegen Einmischungen und Übergriffe von Seiten der heimischen Staatsgewalt zu schützen. Im Falle von UNMIK im Kosovo liege aber eine andere Sachlage vor. Da UNMIK selbst die Staatsgewalt darstelle, gebe es keinen Grund für einen solchen Schutz. Gemeint ist, dass eine Übergangsverwaltung von Seiten lokaler Institutionen wenig zu befürchten habe, da sie ohnedies mächtiger ist als jene.

Auch in der Literatur gibt es Stimmen, welche die völkerrechtliche Immunität für eine Übergangsverwaltung, die Regierungsaufgaben erfüllt und deshalb wie eine lokale Regierung verantwortlich sein sollte, für unpassend halten. Die absolute Immunität verstoße gegen die Rechtsweggarantien aus dem Internationalen Pakt über bürgerliche und politische Rechte, aus der Europäischen Menschenrechtskonvention und aus der Allgemeinen Erklärung der Menschenrechte. Auch der Internationale Gerichtshof hat bereits in einem Urteil auf das Spannungsverhältnis zwischen individuellen Freiheiten und völkerrechtlicher Immunität hingewiesen.

Diese Argumentation überzeugt nur zum Teil. Richtig ist, dass es zum Wesen einer Übergangsverwaltung gehört, Hoheitsrechte im betreffenden Gebiet auszuüben und Rechtsakte zu erlassen, die lokale Institutionen binden. Dennoch sind Situationen denkbar, in denen lokale Akteure die Arbeit einer Übergangsverwaltung praktisch unmöglich machen könnten, wenn sie auf obstruktive Weise das Verhalten von Mitarbeitern der Übergangsverwaltung immer wieder angreifen und für unzulässig erklären würden. Es ist nicht ganz von der Hand zu weisen, dass eine Übergangsverwaltung auf eine gewisse Immunität angewiesen ist, um ihre Arbeitsfähigkeit zu erhalten.

Die differenzierte und deshalb komplizierte Frage müsste in diesem Zusammenhang lauten, wie weit diese Immunität reichen kann, um einerseits die Effizienz einer Übergangsverwaltung zu garantieren, andererseits aber nicht die Einhaltung von menschenrechtlichen Standards völlig zu vernachlässigen.

Im konkreten Fall eines Verfahrens gegen die UNO vor dem Bezirksgericht von Den Haag, in dem es um das Verhalten von UN-Soldaten im Zuge des Massakers in Srebrenica ging, hat das Bezirksgericht der Immunität der Vereinten Nationen einen absoluten Vorrang eingeräumt. Im Juli 2008 wurde die von Hinterbliebenen des Massakers eingereichte Klage mit der Begründung abgewiesen, dass die Immunität der Vereinten Nationen nach UN-Charta ohne Ausnahme bestehe.

Bei der Untersuchung der Justiziabilität von Übergangsrecht kann die Frage nach den Grenzen völkerrechtlicher Immunität offen bleiben. Entgegen der in Theorie und Praxis weit verbreiteten Auffassung ist die Überprüfbarkeit von Übergangsrecht gar kein Problem der Immunität. Aus dem beschriebenen Zweck der Immunität sowie aus dem Wortlaut der oben zitierten Immunitätsvorschriften in Bosnien und Kosovo ergibt sich nämlich, dass das Schutzgut der Immunität in konkreten Personen oder Gütern besteht, die einer Übergangsverwaltung zugeordnet sind. Ähnlich wie im diplomatischen Dienst soll das Personal und der Besitz einer Übergangsverwaltung nicht Gegenstand eines straf- oder zivilrechtlichen Prozesses vor den lokalen Behörden werden können. Eine solche Immunität kann aber nur in Verfahren greifen, in denen es einen Angeklagten oder Beklagten gibt. Bei der Überprüfung von Übergangsgesetzen würde es sich hingegen im weitesten Sinn um Normenkontrollverfahren handeln, die sich nicht gegen einen Beklagten, sondern gegen eine Rechtsnorm richten. Rechtsfolge eines solchen Verfahrens ist nicht die Verhängung von Strafen gegen Personen oder die Verurteilung zu Schadensersatzzahlungen, sondern gegebenenfalls die Feststellung von Rechtsmängeln in Bezug auf einen Legislativakt und dessen Aufhebung oder Nichtanwendung. Aus rechtlicher Sicht ist nicht nachvollziehbar, auf welche Weise Immunitätsvorschriften im Rahmen einer Normenkontrolle als Verfahrenshindernis wirken sollen. Deshalb kann die Immunität von internationalen Organisationen der Justiziabilität eines supranationalen Gesetzes gar nicht entgegenstehen.

Das Problem der Rangordnung

Ebenso wenig ist die Rangordnung von Gesetzen innerhalb des betroffenen Gebiets ein Problem der Justiziabilität. Supranationales Recht genießt grundsätzlich Vorrang vor innerstaatlichen Regeln. Hieraus folgt jedoch nicht, dass eine Überprüfung ausgeschlossen sein muss. Vielmehr handelt es sich um ein Problem des Prüfungsmaßstabs. Rechtsfehler eines Übergangsgesetzes könnten nur auf Grund des Verstoßes gegen eine höherrangige Vorschrift festgestellt werden, so dass eine Überprüfung am Maßstab von Landesgesetzen ausscheiden müsste. Denkbar und in den Beispielsfällen zutreffend ist jedoch das Bestehen von völkerrechtlichen Normen vor allem aus dem Bereich des Menschenrechtsschutzes, vor denen das Übergangsrecht keinen automatischen Vorrang genießt. Im

Gegenteil besitzen die Menschenrechte durchaus Bindungswirkung für die Übergangsverwaltungen.

In Bosnien regelt Annex VI zum Dayton-Vertrag in Kapitel 1 die Anwendbarkeit der Europäischen Menschenrechtskonvention sowie 14 weiterer Menschenrechtsdokumente. Die bosnische Verfassung enthält in Artikel VI folgende Regelung: »*The Constitutional Court shall have jurisdiction over issues referred by any court in Bosnia and Herzegovina concerning whether a law, on whose validity its decision depends, is compatible with this Constitution, with the European Convention for Human Rights and Fundamental Freedoms and its Protocols [...].*«

Für das Kosovo formuliert das erste Übergangsgesetz, nämlich UNMIK/REG/1999/1 vom 25. Juli 1999, in Abschnitt 2: »*In exercising their functions, all persons undertaking public duties or holding public office in Kosovo shall observe internationally recognized human rights standards [...].*« Zudem spezifiziert die UNMIK/REG/1999/24 vom 12. Dezember 1999, welche Menschenrechtsdokumente zu den anwendbaren »international anerkannten Menschenrechtsstandards« gehören, nämlich u. a. die Allgemeine Erklärung der Menschenrechte, die Europäische Menschenrechtskonvention und der Internationale Pakt über bürgerliche und politische Rechte. Die provisorische Übergangsverfassung des Kosovo erklärt in Artikel 3.2. a) bis h) acht Menschenrechtsdokumente für direkt anwendbar.

Schon die Sicherheitsratsresolution 1244 (1999) hält fest, dass der Schutz und die Förderung der Menschenrechte Teil der Aufgaben von UNMIK sein sollen. Dieses Ziel wird auch von der Übergangsverwaltung selbst immer wieder betont. So schrieb der Special Representative Bernard Kouchner in seinem Vorwort zum OSZE-Bericht *Human Rights in Kosovo: As Seen, As Told*, er verspreche, dass alle Säulen von UNMIK ihre Bemühungen zur Förderung der Menschenrechte verstärken würden. Es kann nicht angenommen werden, dass derart deutliche Äußerungen unter dem stummen Vorbehalt stehen, sich selbst von menschenrechtlichen Bindungen frei zu fühlen. Da sich die UNO dem internationalen Menschenrechtsschutz verschrieben hat, würde es nicht im Interesse der Organisation liegen, die eigenen Organe bei der Ausübung ihrer Kompetenzen von Bindungen durch die Menschenrechte auszunehmen. Schließlich zeigt auch die Schaffung von Institutionen wie Menschenrechtsbeauftragten oder Menschenrechtsforen, dass Übergangsverwaltungen menschenrechtliche Bindungen gegen sich gelten lassen wollen.

Da es sich beim Übergangsrecht um supranationales Sekundärrecht handelt, sind (überprüfbare) Kollisionen mit primärrechtlichen Bestimmungen denkbar, zu denen die UN-Charta und (für Bosnien) der Dayton-Vertrag zählen. Auch die einschlägigen Sicherheitsratsresolutionen sowie das Übergangsrecht selbst wären mögliche Prüfungsmaßstäbe. UNMIK hat selbst eingeräumt, dass sie sich an die menschenrechtlichen Vorschriften aus den zitierten UNMIK/REG/1999/1 und UNMIK/REG/1999/24 gebunden fühle. Darüber hinaus kommt eine Bindung durch Völkergewohnheitsrecht (zu dem nach allgemeiner Auffassung wenigstens der Kern des Menschenrechtsschutzes zählt) sowie durch die allgemeinen Rechtsgrundsätze in Betracht.

Festzuhalten bleibt, dass Übergangsrecht durchaus höherrangigen Bindungen unterliegt und die Justiziabilität nicht mit dem Verweis auf einen allgemeinen Vorrang des Übergangsrechts vor sämtlichen anderen denkbaren Rechtsvorschriften verneint werden kann. Die Prüfungsmaßstäbe werden vor allem menschenrechtlicher Natur sein und müssten im konkreten Fall für die jeweilige Übergangsrechtsordnung festgestellt werden.

Die Übergangsverwaltung als Überprüfungsinstanz

Ein weiteres nicht tragfähiges Argument gegen die Justiziabilität von Übergangsrecht ist die Feststellung, dass die Übergangsverwaltung selbst als Garant der Rechtmäßigkeit von legislativem und administrativem Handeln auf dem ihr unterstellten Gebiet fungiere.

Zwar enthält für das Kosovo Kapitel 12 der Rahmenverfassung die folgende Regelung: »*The exercise of the responsibilities of the Provisional Institutions of Self-Government under this Constitutional Framework shall not affect or diminish the authority of the SRSG [i.e.: Special Representative of the Secretary General] to ensure full implementation of UNSCR 1244 (1999), including overseeing the Provisional Institutions of Self-Government, its officials and its agencies, and taking appropriate measures whenever their actions are inconsistent with UNSCR 1244 (1999) or this Constitutional Framework.*«

Mit dieser Vorschrift sichert sich der Special Representative die Befugnis zur Überprüfung von Akten der lokalen Institutionen, wobei als Prüfungsmaßstab Sicherheitsratsresolution 1244 (1999) sowie die Übergangsverfassung genannt werden.

In diesem Sinne ist die Übergangsverwaltung selbst eine Kontrollinstanz. Auf eine ähnliche Kompetenz beruft sich der Hohe Repräsentant in Bosnien in seiner Reaktion auf den oben beschriebenen Fall AP-953/05, wenn er betont, dass er selbst und nicht etwa der VerfGH-BiH für eine Überprüfung des in Frage stehenden Übergangsgesetzes zuständig wäre. Klar formuliert würde das bedeuten, dass die jeweilige Übergangsverwaltung selbst judikative Hoheitsgewalt innehat, weshalb ihr eigenes Verhalten keiner gerichtlichen Überprüfung, sondern nur einer Art freiwilliger Selbstkontrolle unterliegen soll.

Dass dies dem Grundsatz der Gewaltenteilung widerspricht, liegt auf der Hand. Freiwillige Selbstkontrolle kann echte Justiziabilität nicht ersetzen. In demokratisch verfassten Systemen sind auch die Entscheidungen der Judikative unter entsprechenden Voraussetzungen überprüfbar, wie sich im Rahmen des Instanzenzugs innerhalb einer Gerichtsbarkeit zeigt. Bei korrekter Betrachtung handelt es sich bei dem hier angesprochenen Problem nur um die Frage nach dem Konkurrenzverhältnis zwischen den (judikativen) Kompetenzen einer Übergangsverwaltung und jenen der örtlichen (Verfassungs-)Gerichtsbarkeit, nicht aber um ein Argument gegen die grundsätzliche Überprüfbarkeit von Übergangsrecht.

Lösungsansatz: Notfallzuständigkeit der lokalen Verfassungsgerichtsbarkeit

Es sind also nicht Immunitätsvorschriften oder Rangordnungsprobleme, die der Justiziabilität von Übergangsgesetzen entgegenstehen. Das Problem ist und bleibt die Natur des Übergangsrechts: Eine supranationale Rechtsordnung fällt grundsätzlich nicht unter die Zuständigkeit von lokalen Gerichten. Auch der Europäische Gerichtshof für Menschenrechte entschied im Fall *Beric and 25 others versus Bosnia and Herzegovina* am 16. Oktober 2007, dass es sich bei den Übergangsgesetzen in Bosnien um Rechtsakte der UN handele und dass sich dieser Rechtscharakter nicht durch ein Eingreifen der nationalen Verfassungsgerichtsbarkeit ändern könne. Sekundäre Rechtsakte des Sicherheitsrats seien vor lokalen Gerichten ohne Einverständnis ihres Urhebers nicht überprüfbar.

Diese juristisch zutreffende Einschätzung hat ein eklatantes Kontrollvakuum zur Folge, welches mit Blick auf demokratische Prinzipien wie Gewaltenteilung und Rechtsstaatlichkeit unerträglich ist. Die beschriebenen Versuche in Theorie und Praxis, eine Überprüfbarkeit des supranationalen Übergangsrechts zu begründen, sind Ausdruck des Bemühens, diesem Demokratiedefizit irgendwie abzuhelfen. Während sich die Übergangsverwaltungen immer wieder auf ihre Autorisierung durch den Sicherheitsrat und die daraus folgende Immunität berufen, findet sich in der Rechtstheorie kein Autor, der das vollständige Fehlen von Justiziabilität als wünschenswert und angemessen beschriebe. Einige Autoren schließen sich der Doppelfunktionstheorie des VerfGH-BiH an, um eine Überprüfung von Übergangsgesetzen durch lokale Gerichte zu erreichen; andere senden Appelle in die Zukunft und raten zur Schaffung von Kontrollinstanzen als begleitende Maßnahme für künftige Übergangsverwaltungen. Kurz gesagt: Außer den Übergangsverwaltungen selbst ist niemand der Meinung, dass es beim Fehlen von Rechtsschutzmöglichkeiten bleiben kann.

Oben wurde gezeigt, warum die gutgemeinte Doppelfunktionstheorie aus juristischen Gründen nicht haltbar ist. Darauf zu hoffen, dass in Zukunft irgendein Gremium oder gar ein echtes internationales Gericht zur Überprüfung des Rechtshandelns von Übergangsverwaltungen eingerichtet wird, erscheint weltfremd angesichts der rigorosen Weigerung der UNO, an der gegebenen Situation etwas zu ändern. Es fehlt also bislang an einer tragfähigen Argumentation, mit deren Hilfe eine Überprüfung von Übergangsrecht vor den existierenden Gerichten erreicht werden kann. Die folgenden Ausführungen präsentieren einen Lösungsansatz.

Das Verbot eines »*denial of justice*«

In vielen Stellungnahmen zum Thema wird zu Recht betont, dass die fehlende Kontrollierbarkeit von Übergangsrecht nicht zuletzt ein Problem für den Auftrag der Übergangsverwaltung selbst darstelle. Demokratische Grundprinzipien (Gewaltenteilung, Rechtsstaatlichkeit bzw. *rule of law*, Willkürverbot, staatliche Legitimation und Legitimität) verlangen, dass eine judikative Kontrolle der Exekutiv- und Legislativgewalten stattfinden kann. Übergangsverwaltungen sind speziell dazu berufen, in ihrem jeweiligen Gebiet ein nach demokratischen Prinzipien funktionierendes Institutionengefüge zu errichten und in Gang zu bringen. Dass dies selbst über lange Zeiträume hinweg durch die genuin undemokratische Ausübung von Staatsgewalt geschieht, gefährdet Glaubwürdigkeit und Legitimität einer Übergangsverwaltung. Ohne das freiwillige Mitwirken von lokalen Institutionen und Bürgern, also ohne die Akzeptanz in Administration und Bevölkerung, ist mittelfristig im wahrsten Sinne des Wortes kein (demokratischer) Staat zu machen. Letztlich würde es im eigenen Interesse einer Übergangsverwaltung liegen, ihre Rechtsakte zum Gegenstand gerichtlicher Kontrolle zu erheben.

Neben diesen einleuchtenden (rechts-)politischen Argumenten gibt es auch juristische Gesichtspunkte, welche eine Überprüfung von Übergangsrecht zwingend erfordern.

Das Verbot eines »*denial of justice*« (Verbot der Rechtswegverweigerung) stellt ein anerkanntes Rechtsprinzip des Völkerrechts dar: »*Denial of justice exists when there is a denial, unwarranted delay or obstruction of access to courts [...].*« Dieses Prinzip ist eng mit dem menschenrechtlichen Anspruch auf einen Richter verbunden. Beide Grundsätze binden nicht nur Staaten, sondern auch internationale Organisationen. Schon im *Effect of Awards*-Fall von 1957 hat der IGH festgestellt, dass es den Zielen der UNO, nämlich der Förderung von Freiheit und Gerechtigkeit für alle Menschen, widerspreche, wenn sich die UNO selbst der gerichtlichen Verantwortlichkeit entziehe. In

Fortentwicklung dieses Grundgedankens sehen viele Autoren die fehlende Überprüfbarkeit von Übergangsrecht als einen Verstoß gegen Artikel 6 und/oder 13 der Europäischen Menschenrechtskonvention, die den Anspruch auf Rechtsschutz enthalten. Das Völkerrecht entwickelt sich zunehmend in Richtung einer auf Individualrechte Bezug nehmenden Rechtsordnung. Daraus lässt sich ein simpler Gedanke ableiten: Nicht nur Staaten, sondern auch internationale Organisationen können gegen Menschenrechte verstoßen.

Bei der Kollision von Immunität (bzw. fehlender Justiziabilität) und Individualrechten handelt es sich deshalb nicht um eine Gruppe von Einzelfällen, sondern gewissermaßen um einen Dauerzustand. Wenn die Immunität einer internationalen Organisation der lokalen Gerichtszuständigkeit im Wege steht und auch kein sonstiges mit der Überprüfung betrautes Gremium auffindbar ist, liegt immer ein Verstoß gegen das Verbot eines *»denial of justice«* und gegen den Anspruch auf einen Rechtsweg vor.

Zum gleichen Problem, nämlich dem vollständigen Fehlen von Rechtswegen, führt der supranationale Charakter von Übergangsrecht. Da einerseits die lokale Gerichtsbarkeit für die Überprüfung von supranationalem Recht nicht zuständig und andererseits eine Parteifähigkeit von Übergangsverwaltungen vor internationalen Gerichten nicht gegeben ist, sehen sich die Bürger des betroffenen Gebiets von jedweder Rechtsschutzmöglichkeit entkleidet. Entsprechend lässt sich der in anderem Zusammenhang entwickelte *»denial of justice«*-Gedanke auf das Übergangsrecht übertragen.

Die »Solange«-Rechtsprechung des Bundesverfassungsgerichts

In der allgemeinen völkerrechtlichen Praxis hat sich auf Grund der unvermeidbaren Kollision zwischen Immunität und Rechtsweggarantie eine vermittelnde Rechtsprechung herausgebildet, deren Zentrum das *»alternative-forum«*-Prinzip darstellt. Sie besagt, dass Immunität entsprechend dem *»denial of justice«*-Prinzip nur dann rechtmäßigerweise gewährt werden kann, wenn ein »alternatives Forum«, also ein adäquater alternativer Überprüfungsmechanismus, für die betreffenden Rechtsakte vorhanden ist.

Diese Annahme findet bereits in der *Convention on the Privileges and Immunities of the United Nations* vom 13. Februar 1946 eine Stütze. Der Gedanke, dass Immunität nur unter der Bedingung eines alternativen Rechtsschutzes eingeräumt werden soll, zeigt sich in Artikel VIII, Sektion 29, der die Vereinten Nationen auffordert, Systeme für das *»Settlement of Disputes«* in Immunitätsfällen einzurichten.

Zwei Studien der UNO aus den Jahren 1967 und 1985 bestätigen diesen Zusammenhang, indem sie davon ausgehen, dass Artikel 10 der Allgemeinen Erklärung der Menschenrechte nur solange nicht durch die Immunität der UN verletzt werde, wie *»alternative means of legal recourse (internal appeal procedures; arbitration)«* zur Verfügung stehen. Insbesondere der UNO solle eine Pflicht zukommen, Streitbeilegungsmechanismen als Korrelat zur Immunität zu schaffen, da sich der allgemeine Menschenrechtsauftrag der Organisation schwerlich mit einem Verstoß gegen Rechtsweggarantien vertrage. Auch nationale Gerichte haben bereits in diesem Sinn entschieden. Folge der *alternative-forum*-These ist, dass – Immunitätsvorschriften zum Trotz – eine Zuständigkeit der lokalen Gerichtsbarkeit eintreten kann, wenn kein adäquates Rechtsschutzsystem vorhanden ist.

Der Ansatz der *alternative-forum*-These lässt sich auf den Bereich von Klagen gegen supranationale Rechtsakte übertragen, in denen die fehlende Justiziabilität nicht Folge völkerrechtlicher Immunitätsvorschriften ist, sondern sich aus der besonderen Natur des supranationalen Rechts ergibt.

Berühmtester Ausdruck dieses Zusammenhangs im deutschen Rechtsraum ist die so genannte »Solange-Rechtsprechung« des Bundesverfassungsgerichts. In seiner »Solange I« genannten Entscheidung vom 29. Mai 1974 stellt das BVerfG fest: »Solange der Integrationsprozess der Gemeinschaft nicht so weit fortgeschritten ist, dass das Gemeinschaftsrecht auch einen von einem Parlament beschlossenen [...] Grundrechtskatalog enthält, der dem Grundrechtskatalog des Grundgesetzes adäquat ist, ist [...] die Vorlage eines Gerichtes der Bundesrepublik Deutschland an das BVerfG im Normenkontrollverfahren zulässig und geboten, wenn das Gericht die [...] Vorschrift des Gemeinschaftsrechts in der vom EuGH gegebenen Auslegung für unanwendbar hält, weil und soweit sie mit einem der Grundrechte des Grundgesetzes kollidiert.«

Mit dieser Formulierung begründet das BVerfG seine Kontrollzuständigkeit in Fällen, in denen gegen einen EG-Rechtsakt (im betreffenden Fall eine EWG-Verordnung) mit Grundrechtsrelevanz kein alternativer Rechtsschutz zu erlangen ist.

In der dazugehörenden Argumentation wird zunächst betont, dass es sich beim Gemeinschaftsrecht um eine vom innerstaatlichen Recht verschiedene, eigenständige Rechtsordnung handele, für die grundsätzlich keine Kontrollzuständigkeit der deutschen Gerichte bestehe: »[…] das Gemeinschaftsrecht [ist] weder Bestandteil der nationalen Rechtsordnung noch Völkerrecht, sondern [bildet] eine eigenständige Rechtsordnung, die aus einer autonomen Rechtsquelle fließt […]. Daraus folgt, dass grundsätzlich die beiden Rechtskreise unabhängig voneinander und nebeneinander in Geltung stehen […].« Allerdings könne diese Tatsache nicht dazu führen, dass der in Deutschland bestehende Grundrechtsschutz relativiert werde. Der Anspruch auf gerichtlichen Schutz der Grundrechte solle durch die direkte Anwendbarkeit von supranationalem Gemeinschaftsrecht keine Beeinträchtigung erleiden. Zuständig für die Auslegung des Gemeinschaftsrechts bleibe der Europäische Gerichtshof, dessen Entscheidung über den Inhalt der fraglichen Gemeinschaftsregel vorab einzuholen sei. Danach dürfe das BVerfG zwar nicht über »Gültigkeit oder Ungültigkeit einer Vorschrift des Gemeinschaftsrechts« entscheiden. Es könne aber »zu dem Ergebnis kommen, dass eine solche Vorschrift von den Behörden oder Gerichten der Bundesrepublik Deutschland nicht angewandt werden darf, soweit sie mit einer Grundrechtsvorschrift des Grundgesetzes kollidiert«.

In seiner »Solange II«-Entscheidung vom 22. Oktober 1986 erhielt das BVerfG diesen Grundsatz aufrecht, allerdings mit abweichendem Ergebnis: Nachdem festgestellt wurde, dass der Grundrechtsschutz auf EG/EU-Ebene inzwischen dem innerstaatlichen Schutz gleichzuachten sei, verneint das BVerfG seine Prüfungskompetenz: »Solange die Europäischen Gemeinschaften, insbesondere die Rechtsprechung des Gerichtshofs der Gemeinschaften einen wirksamen Schutz der Grundrechte gegenüber der Hoheitsgewalt der Gemeinschaften generell gewährleisten, der dem vom Grundgesetz als unabdingbar gebotenen Grundrechtsschutz im wesentlichen gleichzuachten ist, [...] wird das Bundesverfassungsgericht seine Gerichtsbarkeit über die Anwendbarkeit von abgeleitetem Gemeinschaftsrecht [...] nicht mehr ausüben und dieses Recht mithin nicht mehr am Maßstab der Grundrechte des Grundgesetzes überprüfen [...].« Der Nexus zwischen der Justiziabilität supranationaler Akte und der Frage nach dem Vorhandensein eines »alternativen Forums« liegt auch dieser Entscheidung zu Grunde.

Das Gleiche gilt für das »Solange III« oder »Maastricht-Entscheidung« genannte Urteil, in dem von einem »Kooperationsverhältnis« zwischen EuGH und BVerfG gesprochen wird: »Auch Akte einer besonderen, von der Staatsgewalt der Mitgliedstaaten geschiedenen öffentlichen Gewalt einer supranationalen Organisation betreffen die Grundrechtsberechtigten in Deutschland. Sie berühren damit die Gewährleistungen des Grundgesetzes und die Aufgaben des Bundesverfassungsgerichts, die den Grundrechtsschutz in Deutschland und insoweit nicht nur gegenüber deutschen Staatsorganen zum Gegenstand haben [...]. Allerdings übt das Bundesverfassungsgericht seine Rechtsprechung über die Anwendbarkeit von abgeleitetem Gemeinschaftsrecht in Deutschland in einem ›Kooperationsverhältnis‹ zum Europäischen Gerichtshof aus.«

Diese Rechtsprechung wurde von vielen anderen Gerichten nachvollzogen und nicht nur auf Rechtsakte der EU, sondern auch auf andere internationale/supranationale Organisationen wie die Europäische Patentorganisation (EPO) oder die »European Organisation for the Safety of Air Navigation« (EUROCONTROL) angewendet. Auch die Europäische Menschenrechtskommission und der EGMR haben die *alternative-forum*-Argumentation aufgegriffen.

So hat der EGMR im *Matthews*-Fall einer Beschwerde gegen einen Akt der EG stattgegeben, weil in dem speziellen Fall kein alternativer Rechtsweg zugänglich war.

Auch im weithin bekannten *Waite-and-Kennedy*-Fall argumentiert der EGMR mit der *alternative-forum*-These und bindet diese in eine Verhältnismäßigkeitsprüfung ein: Das Recht auf Zugang zu einem Gericht, wie es in Artikel 6 Absatz 1 der Europäischen Menschenrechtskonvention enthalten ist, sei nicht absolut, sondern könne Schranken unterliegen. Eine Einschränkung dürfe den Kern von Artikel 6 Absatz 1 aber nicht verletzen, müsse ein legitimes Ziel verfolgen und verhältnismäßig sein. Der EGMR stellt fest, dass das Einräumen von Immunität für internationale Organisationen ein legitimes Ziel sei, da es das ordnungsgemäße Funktionieren dieser Organisationen gewährleiste. Für die Frage nach der Verhältnismäßigkeit wurde es als essenziell angesehen, ob die Europäische Weltraumorganisation (ESA), gegen die sich die Beschwerde richtete, einen Überprüfungsmechanismus für ihre Rechtsakte bereithalte: »*For the Court, a material factor in determining whether granting ESA immunity from German jurisdiction is permissible under the Convention is whether the applicants had available to them reasonable alternative means to protect effectively their rights under the Convention.*« Der EGMR hielt die Schlichtungsverfahren der ESA für ausreichend und wies dementsprechend die Beschwerde zurück.

Aus der zitierten Passage des *Waite-and-Kennedy*-Urteils ergibt sich ein zusätzlicher Aspekt. Indem der EGMR »*reasonable alternative means*« verlangt, stellt er klar, dass das alternativ bereitgestellte Überprüfungsverfahren bestimmten Effektivitätskriterien genügen muss. Die Streitbeilegungsverfahren und Überprüfungsmechanismen internationaler Organisationen sind, je nach ihrer jeweiligen Funktion und Arbeitsweise, sehr unterschiedlich ausgestaltet. Aus dem Ziel der *alternative-forum*-Rechtsprechung, das in der Gewährleistung von Rechtsschutz vor dem Hintergrund eines demokratischen, rechtsstaatlichen und menschenrechtlich geprägten Verständnisses der Ausübung von Hoheitsgewalt besteht, ergibt sich, dass die entsprechenden prozessualen Verfahren den allgemeinen Prinzipien einer fairen Gerichtsverhandlung unterliegen müssen. Zu diesen Prinzipien gehört die sachliche und persönliche Unabhängigkeit des entsprechenden Gremiums und seiner Richter. Mindestens ein Mitglied des Gremiums muss die Qualifikation zum Richteramt besitzen. Weiterhin müssen die Grundsätze der mündlichen Verhandlung, des rechtlichen Gehörs sowie anerkannte Beweisgrundsätze Anwendung finden. Zudem müssen die Urteile des *alternative forum* bindend sein. Ein Streitbeilegungsmechanismus, der in Konfliktfällen nur Ratschläge erteilt, genügt dieser Anforderung nicht.

Die *alternative-forum*-These im Übergangsrecht

Die deutsche »Solange«-Rechtsprechung hat den Ausgangspunkt der *alternative-forum*-These – die Kollision von Artikel 6 Absatz 1 der Europäischen Menschenrechtskonvention oder anderer Rechtsweggarantien mit den Immunitätsprivilegien internationaler Organisationen – hinter sich gelassen, indem sie den Denkansatz auf die Situation des Zusammenwirkens von zwei verschiedenen Rechtsordnungen innerhalb desselben Rechtsraums überträgt. Dabei sind die rechtlichen und rechtspolitischen Umstände vergleichbar mit jenen Schwierigkeiten, die bei der Frage nach der Justiziabilität von Übergangsrecht auftreten.

Das Übergangsrecht ist eine supranationale Rechtsordnung, die dem Gemeinschaftsrecht der EU in vielen Punkten ähnelt. In beiden Fällen handelt es sich um Rechtsnormen, die von den Organen einer internationalen Organisation erlassen werden. Sie dienen einer gezielten Veränderung der betroffenen nationalen Rechtsordnungen – im Fall der EU mit dem Ziel der Liberalisierung und Harmonisierung und im Fall der Übergangsverwaltung im Zuge des demokratischen Institutionenaufbaus. Die Rechtsakte entfalten (zum Teil) direkte Wirkung für und gegen die Bürger des betroffenen Gebiets, woraus sich unvermeidlich das Problem ergibt, auf welche

Weise Rechtsschutz gegen solche supranationalen Normen zu erlangen ist.

Der Grundsatz, dass es bei der Arbeit von internationalen oder supranationalen Organisationen nicht zu einem *»denial of justice«* kommen darf, findet im Fall des Übergangsrechts sogar eine noch stärkere argumentative Stütze. Die UNO, die das Übergangsrecht durch ihre Nebenorgane erlässt, ist in hohem Maße demokratischen und rechtsstaatlichen Prinzipien verpflichtet, insbesondere wenn sie sich ihrer Kompetenzen mit der Zielsetzung der Errichtung von demokratischen Systemen bedient und dabei die Wahrung der Menschenrechte ausdrücklich als immanenten Teil dieser Aufgabe postuliert. Auch das Ziel des Erhalts oder der Herstellung des Weltfriedens beinhaltet nach allgemeiner Meinung den Menschenrechtsschutz als einen wichtigen Bestandteil des internationalen Friedens. Die UNO ist also nach ihrer vertraglichen Grundkonstitution den Menschenrechten in besonderer Weise verpflichtet.

Für eine Übergangsverwaltung bedeutet dies, dass sie sowohl auf Grund ihres spezifischen Mandats sowie auf Grund der funktionellen Ausrichtung der Mutterorganisation bei der Erfüllung ihrer Aufgaben menschenrechtliche Bindungen nicht ignorieren darf. Insoweit sich Übergangsverwaltungen zur Verhinderung einer Überprüfung ihrer Rechtsakte auf ihre funktionelle Immunität berufen, muss dem entgegengehalten werden, dass eine Verletzung von Menschenrechten niemals funktionell notwendig sein kann, wenn die spezifische Funktion einer Institution (unter anderem) im Schutz der Menschenrechte besteht.

Im Sinne der *alternative-forum*-These ist zu fragen, ob für den Rechtsschutz gegen Übergangsrecht ein »alternatives Forum« zur Verfügung steht. Oben wurde dargelegt, dass dies definitiv nicht der Fall ist. Der Anwendung von Übergangsrecht stehen die Betroffenen vollkommen schutzlos gegenüber. Aus dieser Tatsache lässt sich in Analogie zur »Solange«-Rechtsprechung eine Übergangszuständigkeit der lokalen Verfassungsgerichtsbarkeit für die Überprüfung von Übergangsrecht ableiten: *Solange* das System der Übergangsverwaltung kein adäquates alternatives Forum für die Kontrolle von Übergangsrecht bereithält, ist eine Überprüfung von Übergangsrecht durch die lokale Verfassungsgerichtsbarkeit statthaft, wenn Zweifel an der Anwendbarkeit einer Norm bestehen, weil sie möglicherweise mit fundamentalen Menschenrechten kollidiert.

Nach dieser Betrachtungsweise handelt es sich dabei um eine ungeschriebene Notfall- oder Übergangskompetenz. Die lokale Gerichtsbarkeit, der es eigentlich an der Zuständigkeit zur Überprüfung von supranationalen Regeln fehlt, fungiert ersatzweise als Kontrollinstanz, solange kein alternatives Forum vorhanden ist, das dem Eintreten eines menschenrechtswidrigen *»denial of justice«* vorbeugt. Aus rechtlicher Sicht ist dies möglich, weil man das Mandat einer Übergangsverwaltung mit der ausdrücklichen Bindung an menschenrechtliche Standards, an Demokratieprinzip und Rechtsstaatsgebot so auslegen kann, dass – auch im Licht der Zielsetzung der Vereinten Nationen – eine Rechtlosstellung der Betroffenen nicht gewollt sein kann. Dies bedeutet, dass das Mandat einer Übergangsverwaltung in Zusammenschau mit den ausdrücklich für anwendbar befundenen Menschenrechtsstandards eine implizite Unterwerfung von Übergangsgesetzen unter die lokale Gerichtsbarkeit enthält, *solange* keine andere adäquate und zuständige Stelle Rechtsschutz gewähren kann.

Zum gleichen Ergebnis kommt man, wenn man das Problem fehlender Justiziabilität als ausschließliche Folge der Immunitätsprivilegien einer Übergangsverwaltung ansieht – dann markiert das Verbot eines *»denial of justice«* die Grenzen dieser Immunität und führt dazu, dass menschenrechtsverletzendes Verhalten von Seiten einer Übergangsverwaltung nicht zum »funktionell Notwendigen« im Sinne der Immunitätsgewährung gehören kann.

Dabei geht es nicht darum, im Sinne der Doppelfunktionstheorie supranationales Recht (teilweise) zu innerstaatlichem Recht zu erklären und dabei zwischen »substituierenden« und »nicht substituierenden« Gesetzen zu unterscheiden. Nach der hier vertretenen Auffassung kommt dem Übergangsrecht stets supranationaler Charakter zu, solange es nicht durch einen entsprechenden lokalen Rechtsakt ersetzt wurde. Die Anwendung der *alternative-forum*-These führt vielmehr zur Postulation einer (ungeschriebenen und temporären) Unterwerfung supranationaler Regeln unter die »fremde«, nämlich die lokale Gerichtsbarkeit.

Anders als im Fall des Gemeinschaftsrechts der EU spricht gegen eine solche Notfallzuständigkeit nicht einmal der Harmonisierungsgedanke. Das Gemeinschaftsrecht dient dem Zweck, die verschiedenen Rechtsordnungen der Mitgliedstaaten einander anzugleichen, weshalb es auf eine einheitliche

Geltung in allen beteiligten Rechtsräumen angewiesen ist. Eine Überprüfung von Gemeinschaftsrecht vor den Gerichten der verschiedenen Mitgliedstaaten kann zu einer uneinheitlichen Geltung führen, weshalb einem solchen Vorgang besonders schwerwiegende Bedenken entgegenstehen. Das Übergangsrecht hingegen gilt naturgemäß nur in einem einzigen Rechtsraum und sieht sich deshalb bei der Kontrolle durch lokale Instanzen keinen Problemen mit der Harmonisierung gegenüber; im Gegenteil entspricht eine solche Kontrolle wie beschrieben einem der spezifischen Ziele der Übergangsverwaltung, nämlich der Durchsetzung des Menschenrechtsschutzes. Auch hier kann wieder ein Erst-recht-Schluss gezogen werden: Wenn das EU-Recht zum Schutz der Grundrechte einer Notfallzuständigkeit unterliegt, muss das »erst recht« für das Übergangsrecht gelten.

Auf der rechtspraktischen Seite setzt die Anwendung der *alternative-forum*-These voraus, dass eine funktionstüchtige lokale Verfassungsgerichtsbarkeit existiert. Dies mag zu Beginn der Tätigkeit einer Übergangsverwaltung noch nicht der Fall sein. Zum demokratischen Institutionenaufbau gehört aber notwendig auch die Schaffung und/oder Reformierung der Justiz, so dass davon auszugehen ist, dass die Einrichtung von Justizorganen zu den notwendigen ersten Schritten einer Übergangsverwaltung gehört. In dem Moment, in dem die nationale Gerichtsbarkeit zu arbeiten beginnt, kann und muss auch das Übergangsrecht unter den Bedingungen der *alternative-forum*-These davon erfasst sein.

Den praktischen politischen (und von den Übergangsverwaltungen unter dem Stichwort »Immunität« vorgetragenen) Bedenken gegen eine lokale Kontrolle von Übergangsrecht, nämlich der Angst vor einem obstruktiven Missbrauch solcher Kontrollmöglichkeiten, kann entgegengehalten werden, dass die Möglichkeit besteht, die obersten Gerichte (teilweise) mit internationalen Richtern zu besetzen. Dies ist ohnehin üblich, wie die Fälle Bosnien und Kosovo beweisen. Warum ein von erfahrenen lokalen und internationalen Richtern besetztes Gericht eine Bedrohung für die Effizienz des Demokratieaufbaus darstellen soll, ist nicht einzusehen.

Im Übrigen steht es der UNO bzw. jeder ihrer Übergangsverwaltungen frei, einen adäquaten Kontrollmechanismus einzurichten, der den Mindestanforderungen an Unabhängigkeit, prozessuale Ausgestaltung und judikative Autorität genügt. Gemäß der *alternative-forum*-These würde dies zum Erlöschen der Ausnahmezuständigkeit der lokalen Gerichtsbarkeit führen, so dass es dann bei der juristischen Grundsituation bliebe: Übergangsrecht stellt als supranationales Recht eine eigenständige Rechtsordnung dar, die nur vor ihren eigenen Organen überprüfbar ist. Die Vereinten Nationen und ihre Übergangsverwaltungen haben es also selbst in der Hand, ob sie eigene Kontrollmöglichkeiten schaffen oder die Justiziabilität vor den lokalen Gerichten in Kauf nehmen wollen.

VII. Fazit: Der Weg zum Rechtsweg

Das Völkerrecht, aus dem sich EU-Recht und Übergangsrecht ableiten, ist viel stärker als jede andere Rechtsordnung der normativen Kraft des (politisch) Faktischen unterworfen. Manch ein Völkerrechtler zieht sich deshalb darauf zurück, sein Fachgebiet als reines Botanisieren zu betreiben – Erkennen und Benennen von Phänomenen ohne jeden (rechtspolitischen) Gestaltungswillen. Diese resignative Haltung hat sich im letzten Jahrzehnt noch verstärkt, seit die USA immer wieder beweisen, wie wenig sie sich im Ernstfall an völkerrechtliche Regeln gebunden fühlen. Es führt aber nicht weiter, sich dieser normativen Kraft des Faktischen zu beugen und jeden Glauben an die »normative Kraft des Normativen« aufzugeben. Gerade unter den Bedingungen der Globalisierung muss unsere Aufgabe fortgesetzt darin bestehen, die internationalen Beziehungen zu domestizieren. Dabei spielt das Recht auf allen Ebenen eine große Rolle. Obwohl die Völkerrechtstheorie – ähnlich übrigens wie die schöngeistige Literatur – die Welt nicht auf Knopfdruck verändern kann, ist sie doch in der Lage, ein Bewusstsein für bestehende Probleme zu schaffen und Lösungsansätze vorzuschlagen.

Das durch das Übergangsrecht entstandene Kontrollvakuum stellt einen untragbaren Zustand dar: Es kann nicht sein, dass die Bürger der von Übergangsverwaltungen regierten Staaten keine Möglichkeit haben, ihre Grundrechte zu verteidigen. Mit der hier skizzierten Argumentation ist diesem Problem beizukommen.

Die nationalen Verfassungsgerichte müssen sich von wackligen Konstruktionen wie der Doppelfunktionstheorie abwenden und sich stattdessen die Perspektive der Solange-Entscheidungen zu eigen machen. *Solange* die Übergangsverwaltung keine ausreichenden Rechtsschutzmöglichkeiten gewährt, verhilft das völkerrechtliche Verbot eines *»denial of justice«* der nationalen Verfassungsgerichtsbarkeit zu einer Notzuständigkeit, wenn und soweit es um den Schutz von elementaren Individualrechten geht.

Da sich der supranationale Charakter von Übergangsrecht wie dargestellt schlüssig begründen lässt, ist dieser Argumentation kaum etwas entgegenzusetzen. Den Übergangsverwaltungen bleiben dann (genau wie der EU nach der »Solange I«-Entscheidung) genau zwei Möglichkeiten: Entweder sie richten endlich eine eigene unabhängige Gerichtsbarkeit ein, die den Demokratieaufbau kontrolliert und den Bürgern des betroffenen Landes einen Rechtsweg eröffnet. Oder sie müssen dulden, dass die nationalen Verfassungsgerichte ihr Handeln überprüfen, um die Bürger vor Menschenrechtsverletzungen zu schützen.

Bei allem Enthusiasmus für gelungene Argumentationsgänge darf natürlich nicht vergessen werden, dass in der Praxis nicht nur juristische Hindernisse dafür verantwortlich sind, dass Bürger gegenüber Übergangsverwaltungen auf eklatante Weise rechtlos gestellt werden. Es ist das Ergebnis eines entsprechenden politischen Willens. Die hier thematisierten Fragen spielen auf politischer Ebene kaum eine Rolle, die Ergebnisse der rechtswissenschaftlichen Diskussion entfalten nur wenig normative und so gut wie keine politische Wirkung. Juristisch Wünschenswertes wird in der Praxis nicht umgesetzt, sondern fällt einem kurzfristigen Effizienzdenken zum Opfer, das der Weichenstellung für langfristige Entwicklungen im Weg steht. Eine Übergangsverwaltung würde die hier vorgestellte Argumentation genauso wenig akzeptieren wie die Doppelfunktionstheorie des bosnischen Verfassungsgerichtshofs. Sie würde sich vermutlich gar nicht auf einen juristischen Diskurs einlassen, sondern einfach mit politischen Sanktionen drohen.

Dennoch könnte eine Nutzung des hier skizzierten Lösungswegs mittelfristig zu einer Verbesserung der menschenrechtswidrigen Situation führen.

Zum einen zielt die Solange-Argumentation, anders als die Doppelfunktionstheorie, direkt ins Herz des Problems, nämlich auf den fehlenden Grundrechtsschutz und damit auf die undemokratische Verfasstheit von Übergangsverwaltungen. Die UNO selbst tritt für den Schutz von Menschenrechten in aller Welt ein. Auch und gerade in Ländern, die unter Übergangsverwaltung gestellt werden, geht es darum, nach Kriegen, Bürgerkriegen oder gar Völkermorden den Menschenrechten zur Geltung zu verhelfen. Es gibt bereits Anzeichen dafür, dass sich die UNO langsam, aber sicher bewusst wird, wie sehr sie gegen eigene Ziele verstößt, wenn sie gegenüber ihren Übergangsverwaltungen keinen Rechtsschutz garantiert. Die Solange-Argumentation schlägt der UNO ausdrücklich vor, zur Vermeidung der unerwünschten Kontrolle durch nationale Gerichte eigene Prüfungsinstanzen zu errichten, die das legislative und exekutive Verhalten von Übergangsverwaltungen kontrollieren. Möglicherweise bedarf es nur noch eines kleinen Anstoßes, damit dieser Weg in Zukunft beschritten wird.

Zum anderen kann der Blick auf die Parallelen zwischen Übergangsrecht und EU-Recht dazu führen, dass das Phänomen des Übergangsrechts und seine spezifischen Probleme von der Rechtstheorie endlich ernst genommen werden. Das Phänomen von Übergangsverwaltungen, die Hoheitsgewalt ausüben, wird in Praxis und Theorie häufig als »neu« beschrieben. Damit wird impliziert, dass bereits bekannte rechtliche und politische Kategorien bei der Beschreibung einer Übergangsverwaltung versagen. Effekt dieser Einschätzung ist, dass Übergangsverwaltungen weitgehend von rechtlichen Bindungen entkleidet werden, weil sie als »neue« Erscheinungen außerhalb der Völkerrechtssystematik zu stehen scheinen. Für eine solche Betrachtung gibt es weder praktische noch theoretische Gründe. Historisch gesehen, ist die Idee der Übergangsverwaltung keineswegs neu. Die Ausübung von Hoheitsgewalt über fremde Territorien ist dem Völkerrecht seit Langem bekannt. Sowohl im Besatzungsrecht als auch im Treuhandsystem der Vereinten Nationen findet die Übergangsverwaltung historische Vorläufer. Die Erkenntnis, dass die Gesetze einer Demokratisierungsmission und das

EU-Recht derselben rechtlichen Kategorie des supranationalen Rechts angehören, ist ein entscheidender Schritt in der juristischen Auseinandersetzung mit dem Phänomen des *state building*. Das Übergangsrecht ist keine völlig neue Erscheinung, sondern bildet eine Stufe im Prozess der Veränderung des Völkerrechts von einer rein zwischenstaatlichen Ordnung hin zu einem Recht, welches das Individuum mehr und mehr in den Blick nimmt. Diese Entwicklung lässt sich auf die Bedingungen der Globalisierung zurückführen: Der Bedeutungsverlust von nationalstaatlichen Grenzen, die immer stärkere Vernetzung von internationalen Akteuren, der grenzüberschreitende Charakter von Krisen und die Notwendigkeit ihrer internationalen Bewältigung bewirken eine Annäherung zwischen höchster und niedrigster administrativer Ebene. Eine globale Organisation wie die UNO gerät zunehmend in direkten Kontakt zum individuellen Bürger.

Die EU ist regelmäßig in Demokratisierungsprozesse auf europäischem Boden involviert, auch wenn diese unter Ägide der UNO durchgeführt werden. Es wird für alle Beteiligten höchste Zeit einzusehen, dass das Übergangsrecht nicht nur eine temporäre Kollateralerscheinung ist, die man rechtlich und politisch unter den Teppich kehren kann. In den letzten Jahren und Jahrzehnten sind schwerwiegende Fälle von Rechtsverletzungen durch Übergangsverwaltungen bekannt geworden, ohne dass den Betroffenen auf irgendeine Weise zu ihrem Recht verholfen worden wäre. Obwohl das große Projekt »Demokratisierung« in aller Welt immer weiter an Bedeutung gewinnt, findet eine ausreichende juristische Begleitung bislang nicht statt. Nach wie vor existiert nur eine verschwindend geringe Anzahl juristischer Untersuchungen zum Thema »Übergangsverwaltung«. Die Lage vor Ort wird als politisch verwirrend und rechtlich unentschlüsselbar empfunden. Es ist aber gerade die Aufgabe von Juristen, der Unübersichtlichkeit des wirklichen Lebens ein System von Kategorien gegenüberzustellen, die bei Erkenntnisgewinn und Problemlösung helfen können. Hat man sich erst einmal an den Gedanken gewöhnt, dass das Übergangsrecht im Grunde nichts anderes darstellt als das seit Langem bekannte und »gezähmte« EU-Recht, dürfte einer vertieften Auseinandersetzung nichts mehr im Wege stehen.

Und eine solche Auseinandersetzung ist überfällig. Es ist höchste Zeit, das Projekt »Demokratisierung« zu demokratisieren. Die Geschichte lehrt, dass Demokratieentwicklung immer mit Rechtsstaatlichkeit beginnt, von der angelsächsischen Habeas-Corpus-Akte bis zu den Kämpfen um Pressefreiheit und allgemeines Wahlrecht im 19. Jahrhundert. Wenn wir diese Erkenntnis weiter in die Welt hinaustragen – und genau das wird im 21. Jahrhundert passieren –, dann müssen wir unsere eigenen Prinzipien ernst nehmen. Auch beim komplexen Unterfangen »Demokratieaufbau« darf der Rechtsweg nicht ausgeschlossen sein. Nicht alle Wege, sondern nur der rechtlich verlässliche führt zur Demokratie.

ANHANG

Abkürzungsverzeichnis

BVerfG: Bundesverfassungsgericht (in Deutschland)
CIM: Chief of Implementation Mission (im Kosovo)
CPA: Coalition Provisional Administration (Irak)
EGMR: Europäischer Gerichtshof für Menschenrechte
EPO: Europäische Patentorganisation
ESA: European Space Agency
EUFOR: European Union Force
EuGH: Europäischer Gerichtshof
EULEX: European Union Rule of Law Mission
EUROCONTROL: European Organisation for the Safety of Air Navigation
ICO: International Civilian Office (im Kosovo, geleitet vom International Civilian Representative)
IGH: Internationaler Gerichtshof
KFOR: Kosovo Force
KTA: Kosovo Trust Agency
MAB: Kosovo Media Appeals Board
OHR: Office of the High Representative (Bosnien-Herzegowina)
PIC: Peace Implementation Council

SFOR: Stabilisation Force (Bosnien)

SRSG: Special Representative of the Secretary General (der UNO)

UÇK: Ushtria Çlirimtare e Kosovës (Befreiungsarmee des Kosovo)

UNAMA: United Nations Assistance Mission in Afghanistan

UNAMI: United Nations Assistance Mission for Iraq

UNMIK: United Nations Interim Administration Mission in Kosovo

UNO: United Nations Organisation

UNOSOM II: (zweite) United Nations Operation in Somalia

UNPROFOR: United Nations Protection Force

UNSCR: United Nations Security Council Resolution (meist als: Sicherheitsratsresolution)

UNTAC: United Nations Transitional Authority in Cambodia

UNTAET: United Nations Transitional Administration of East Timor

UNTEA: United Nations Temporary Executive Authority (West New Guinea)

VerfGH-BiH: Bosnischer Verfassungsgerichtshof

Auszug aus der Charta der Vereinten Nationen

KAPITEL VII

Maßnahmen bei Bedrohung oder Bruch des Friedens und bei Angriffshandlungen

Artikel 39

Der Sicherheitsrat stellt fest, ob eine Bedrohung oder ein Bruch des Friedens oder eine Angriffshandlung vorliegt; er gibt Empfehlungen ab oder beschließt, welche Maßnahmen auf Grund der Artikel 41 und 42 zu treffen sind, um den Weltfrieden und die internationale Sicherheit zu wahren oder wiederherzustellen.

Artikel 40

Um einer Verschärfung der Lage vorzubeugen, kann der Sicherheitsrat, bevor er nach Artikel 39 Empfehlungen abgibt oder Maßnahmen beschließt, die beteiligten Parteien auffordern, den von ihm für notwendig oder erwünscht erachteten vorläufigen Maßnahmen Folge zu leisten. Diese vorläufigen

Maßnahmen lassen die Rechte, die Ansprüche und die Stellung der beteiligten Parteien unberührt. Wird den vorläufigen Maßnahmen nicht Folge geleistet, so trägt der Sicherheitsrat diesem Versagen gebührend Rechnung.

Artikel 41
Der Sicherheitsrat kann beschließen, welche Maßnahmen – unter Ausschluß von Waffengewalt – zu ergreifen sind, um seinen Beschlüssen Wirksamkeit zu verleihen; er kann die Mitglieder der Vereinten Nationen auffordern, diese Maßnahmen durchzuführen. Sie können die vollständige oder teilweise Unterbrechung der Wirtschaftsbeziehungen, des Eisenbahn-, See- und Luftverkehrs, der Post-, Telegraphen- und Funkverbindungen sowie sonstiger Verkehrsmöglichkeiten und den Abbruch der diplomatischen Beziehungen einschließen.

Artikel 42
Ist der Sicherheitsrat der Auffassung, daß die in Artikel 41 vorgesehenen Maßnahmen unzulänglich sein würden oder sich als unzulänglich erwiesen haben, so kann er mit Luft-, See- oder Landstreitkräften die zur Wahrung oder Wiederherstellung des Weltfriedens und der internationalen Sicherheit erforderlichen Maßnahmen durchführen. Sie können Demonstrationen, Blockaden und sonstige Einsätze der Luft-, See- oder Landstreitkräfte von Mitgliedern der Vereinten Nationen einschließen.

Artikel 43
(1) Alle Mitglieder der Vereinten Nationen verpflichten sich, zur Wahrung des Weltfriedens und der internationalen Sicherheit dadurch beizutragen, daß sie nach Maßgabe eines oder mehrerer Sonderabkommen dem Sicherheitsrat auf sein Ersuchen Streitkräfte zur Verfügung stellen, Beistand leisten und Erleichterungen einschließlich des Durchmarschrechts gewähren, soweit dies zur Wahrung des Weltfriedens und der internationalen Sicherheit erforderlich ist.
(2) Diese Abkommen haben die Zahl und Art der Streitkräfte, ihren Bereitschaftsgrad, ihren allgemeinen Standort sowie die Art der Erleichterungen und des Beistands vorzusehen.
(3) Die Abkommen werden auf Veranlassung des Sicherheitsrats so bald wie möglich im Verhandlungswege ausgearbeitet. Sie werden zwischen dem Sicherheitsrat einerseits und Einzelmitgliedern oder Mitgliedergruppen andererseits geschlossen und von den Unterzeichnerstaaten nach Maßgabe ihres Verfassungsrechts ratifiziert.

Artikel 44
Hat der Sicherheitsrat die Anwendung von Gewalt beschlossen, so lädt er ein in ihm nicht vertretenes Mitglied, bevor er es zur Stellung von Streitkräften auf Grund der nach Artikel 43 übernommenen Verpflichtungen auffordert, auf dessen Wunsch ein, an seinen Beschlüssen über den Einsatz von Kontingenten der Streitkräfte dieses Mitglieds teilzunehmen.

Artikel 45

Um die Vereinten Nationen zur Durchführung dringender militärischer Maßnahmen zu befähigen, halten Mitglieder der Organisation Kontingente ihrer Luftstreitkräfte zum sofortigen Einsatz bei gemeinsamen internationalen Zwangsmaßnahmen bereit. Stärke und Bereitschaftsgrad dieser Kontingente sowie die Pläne für ihre gemeinsamen Maßnahmen legt der Sicherheitsrat mit Unterstützung des Generalstabsausschusses im Rahmen der in Artikel 43 erwähnten Sonderabkommen fest.

Artikel 46

Die Pläne für die Anwendung von Waffengewalt werden vom Sicherheitsrat mit Unterstützung des Generalstabsausschusses aufgestellt.

Artikel 47

(1) Es wird ein Generalstabsausschuß eingesetzt, um den Sicherheitsrat in allen Fragen zu beraten und zu unterstützen, die dessen militärische Bedürfnisse zur Wahrung des Weltfriedens und der internationalen Sicherheit, den Einsatz und die Führung der dem Sicherheitsrat zur Verfügung gestellten Streitkräfte, die Rüstungsregelung und eine etwaige Abrüstung betreffen.

(2) Der Generalstabsausschuß besteht aus den Generalstabschefs der ständigen Mitglieder des Sicherheitsrats oder ihren Vertretern. Ein nicht ständig im Ausschuß vertretenes Mitglied der Vereinten Nationen wird vom Ausschuß eingeladen, sich ihm zu assoziieren, wenn die Mitarbeit dieses Mitglieds

für die wirksame Durchführung der Aufgaben des Ausschusses erforderlich ist.
(3) Der Generalstabsausschuß ist unter der Autorität des Sicherheitsrats für die strategische Leitung aller dem Sicherheitsrat zur Verfügung gestellten Streitkräfte verantwortlich. Die Fragen bezüglich der Führung dieser Streitkräfte werden später geregelt.
(4) Der Generalstabsausschuß kann mit Ermächtigung des Sicherheitsrats nach Konsultation mit geeigneten regionalen Einrichtungen regionale Unterausschüsse einsetzen.

Artikel 48
(1) Die Maßnahmen, die für die Durchführung der Beschlüsse des Sicherheitsrats zur Wahrung des Weltfriedens und der internationalen Sicherheit erforderlich sind, werden je nach dem Ermessen des Sicherheitsrats von allen oder von einigen Mitgliedern der Vereinten Nationen getroffen.
(2) Diese Beschlüsse werden von den Mitgliedern der Vereinten Nationen unmittelbar sowie durch Maßnahmen in den geeigneten internationalen Einrichtungen durchgeführt, deren Mitglieder sie sind.

Artikel 49
Bei der Durchführung der vom Sicherheitsrat beschlossenen Maßnahmen leisten die Mitglieder der Vereinten Nationen einander gemeinsam handelnd Beistand.

Artikel 50

Ergreift der Sicherheitsrat gegen einen Staat Vorbeugungs- oder Zwangsmaßnahmen, so kann jeder andere Staat, ob Mitglied der Vereinten Nationen oder nicht, den die Durchführung dieser Maßnahmen vor besondere wirtschaftliche Probleme stellt, den Sicherheitsrat zwecks Lösung dieser Probleme konsultieren.

Artikel 51

Diese Charta beeinträchtigt im Falle eines bewaffneten Angriffs gegen ein Mitglied der Vereinten Nationen keineswegs das naturgegebene Recht zur individuellen oder kollektiven Selbstverteidigung, bis der Sicherheitsrat die zur Wahrung des Weltfriedens und der internationalen Sicherheit erforderlichen Maßnahmen getroffen hat. Maßnahmen, die ein Mitglied in Ausübung dieses Selbstverteidigungsrechts trifft, sind dem Sicherheitsrat sofort anzuzeigen; sie berühren in keiner Weise dessen auf dieser Charta beruhende Befugnis und Pflicht, jederzeit die Maßnahmen zu treffen, die er zur Wahrung oder Wiederherstellung des Weltfriedens und der internationalen Sicherheit für erforderlich hält.*

---

* Charta der Vereinten Nationen. Text nach Bundesgesetzblatt 1973 II. Tag der Ausgabe: Bonn, den 9. Juni 1973. Abdruck mit freundlicher Genehmigung der UN.

Sperriges Exportgut Staat

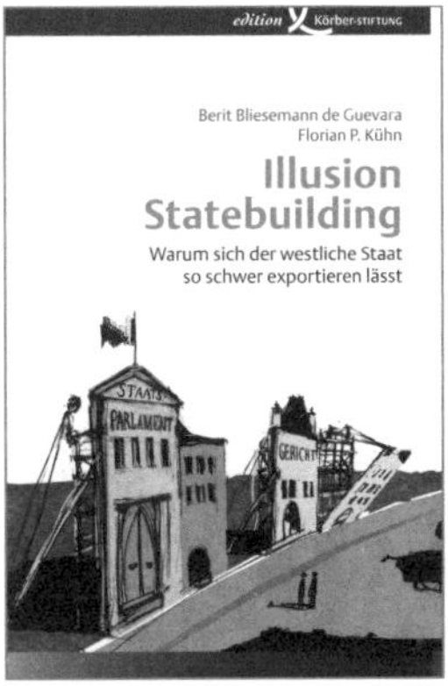

Externes Statebuilding ist in den letzten beiden Jahrzehnten zugleich Ziel und Instrument internationaler Politik geworden. Doch Versuche, Staaten nach westlichem Vorbild in historisch und strukturell anders geprägten Gesellschaften zu verankern, scheitern immer wieder.

Berit Bliesemann de Guevara und Florian P. Kühn erläutern die Grundidee des Statebuilding und zeigen an den Beispielen Bosnien und Herzegowina und Afghanistan, dass das Staatsmodell westlichen Typs auf Voraussetzungen beruht, die sich nicht exportieren lassen. So schafft Statebuilding keinen modernen Staat, sondern nur dessen Fassade: den Potemkin'schen Staat. Die Intervention kann bestehende Konflikte nicht lösen – mehr noch: Sie erzeugt sogar neue Probleme. So macht sich die Intervention unentbehrlich, denn die Staatsfassade droht ohne den immer wieder verlängerten Einsatz der Staatengemeinschaft einzustürzen.

»Mit diesem wichtigen Buch leisten die Autoren einen wertvollen Beitrag zur Debatte über deutsche Auslandseinsätze.«

SWR 2 Buchkritik

Berit Bliesemann de Guevara / Florian P. Kühn
Illusion Statebuilding
Warum sich der westliche Staat so schwer exportieren lässt

215 Seiten mit kommentierter Literaturliste
Softcover | 13 x 20 cm
ISBN 978-3-89684-082-0 | Euro 14,– (D)

www.edition-koerber-stiftung.de

Mehr Politik, weniger Militär

Die NATO kann den neuen Bedrohungen wenig entgegensetzen. Für den Kampf um Ressourcen und für asymmetrische Konflikte, für die Abwehr von Cyber-Attacken und die sicherheitspolitischen Folgen des Klimawandels hat das einst erfolgreichste Bündnis der Militärgeschichte noch keine Strategie gefunden. Der Verlust des Feindbilds nach dem Ende des Ost-West-Konflikts hat die NATO verunsichert, der »Krieg gegen den Terrorismus« stellt sie auf eine harte Probe.

Die NATO muss ihren Auftrag neu definieren: Ist sie ein reines Verteidigungsbündnis oder die militärische Reserve der Vereinten Nationen? Soll sie eingreifen, wo immer westliche Werte bedroht scheinen?

Theo Sommer, einer der renommiertesten Journalisten Deutschlands, findet Antworten: Das Bündnis muss politischer und europäischer werden. Es gilt, die militärische Seite zu verschlanken. Und: Die NATO gewinnt nichts, wenn sie sich zum weltumspannenden Bündnis überdehnt. Zukunft hat sie als Allianz, in der Europa und Amerika auf Augenhöhe zusammenwirken.

»Das Buch ist frech und intelligent. Jeder, der sich ansatzweise für Außenpolitik interessiert, dem sei dieses Buch sehr ans Herz gelegt.«
Süddeutsche Zeitung / Franziska Augstein

Theo Sommer
Diese NATO hat ausgedient
Das Bündnis muss europäischer werden

128 Seiten | Klappenbroschur | 12 x 19 cm
ISBN 978-3-89684-144-5 | Euro 10,– (D)
Auch als E-Book erhältlich.

Weitere Standpunkte-Essays unter www.edition-koerber-stiftung.de

Go south!

»Unser Meer« ist nicht die Nord- oder Ostsee, sagt der Kulturwissenschaftler Claus Leggewie, sondern das Mittelmeer: Wiege unserer Kultur, unserer Vorstellungen von Politik und Staatlichkeit. Zugleich war und ist das Mittelmeer auch das Tor nach Afrika und in den Orient – zu Ländern, in denen die Europäische Union eine große Anziehungskraft besitzt. Denn bei allen Klagen über Wirtschaftskrise, Bürokratismus und Orientierungslosigkeit: Die EU ist ein Erfolgsmodell, das ihren Mitgliedern seit über sechzig Jahren Frieden und Wohlstand sichert.

Leggewie plädiert für eine neue Vision von Europa rund ums Mittelmeer. Die Union hat das Potenzial, Alternativen für Energieversorgung und Finanzmärkte zu entwickeln, sich als Friedensstifterin in Nahost zu etablieren und nicht zuletzt: in aller Bescheidenheit ein demokratisches Modell für die Staaten anzubieten, die sich nach der arabischen Revolution zwischen laizistischen und islamistischen Regierungen entscheiden müssen.

So formuliert »Zukunft im Süden« eine konkrete Utopie europäischer Friedens- und Entwicklungspolitik an den Grenzen »unseres Meeres«.

Claus Leggewie
Zukunft im Süden
Wie die Mittelmeerunion Europa wiederbeleben kann

272 Seiten | Klappenbroschur | 13 x 20 cm
ISBN 978-3-89684-093-6 | Euro 14,– (D)
Auch als E-Book erhältlich.

www.edition-koerber-stfiftung.de